Dr. Jes T. Y. Lim

Feng Shui
für Büro und Business

Integral

Dr. Jes T. Y. Lim

Feng Shui

für Büro und Business

aus dem Englischen von Daniela Schenker

Integral

Das vorliegende Buch ist sorgfältig erarbeitet worden. Dennoch erfolgen alle Angaben ohne Gewähr. Weder Autoren noch Verlag können für eventuelle Nachteile oder Schäden, die aus den im Buch gemachten praktischen Hinweisen resultieren, eine Haftung übernehmen.

Der Integral Verlag ist ein Unternehmen der Econ Ullstein List Verlag GmbH & Co. KG, München

ISBN 3-7787-9066-8

2. Auflage 2000
© 2000 für die deutsche Ausgabe by Econ Ullstein List Verlag GmbH & Co. KG, München
Alle Rechte sind vorbehalten. Printed in Germany.
Redaktion: Anja Schmidt
Umschlaggestaltung: Hilden Design, München
Layout: Alex Klubertanz, Matthias Liesendahl, München
Satz: Matthias Liesendahl
Kalligraphien: Julie A. Lim
Illustrationen: Luisa Klein, kleindesign, München
Raumillustrationen: Robert F. Künzler, apt design, München
Druck und Bindung: Clausen & Bosse, Leck

Inhalt

	Vorwort	**9**
1	**Die Bedeutung des Business Feng Shui**	**11**
	Worin Feng Shui Sie unterstützt	12
	Das Geschäftsleben ist ein subtiler Krieg	14
	Die Gebiete des Business Feng Shui	16
2	**Die Feng-Shui-Praxis im Überblick**	**19**
	Das Qi	20
	Wasser, ein wichtiger Faktor für gutes Feng Shui	23
	Die Wechselwirkung zwischen Mensch und Gebäude	23
	Die acht Lebensziele	27
	Das Ost-West-System	27
	Die acht Energiepunkte des Menschen	30
	Der Standort	32
	Rückendeckung und Mingtang	32
	Die persönlichen Himmelsrichtungen	33
	Astrologische Faktoren	33
	Negative Energien vermeiden	34
	Nach Feng Shui planen und bauen	34
3	**Das Prinzip der Fünf Elemente**	**37**
	Der Fütterungszyklus	38
	Der Zerstörungszyklus	38
	Der Mutter-und-Kind-Zyklus	38
	Die Energiebewegungen und Formen der Fünf Elemente	40
	Die Fünf Elemente beim Menschen	44
	Die Anwendung der Fünf Elemente	46
4	**Firmenname und Logo**	**51**
	Die Schwingung des Firmennamens	52
	Das Firmenlogo	54
	Allgemeine Richtlinien für ein gutes Logodesign	55
5	**Landesgrenzen und menschliches Verhalten**	**61**
	Die Form des Grundstücks	63
	Die Form von Ländern	64

Inhalt

6 Wie Landschaft und Raum das Leistungsvermögen beeinflussen — 73
Die innere und äußere Firmenlandschaft — 76
Die Raumaufteilung der inneren Firmenlandschaft — 77

7 Eine starke Rückendeckung – der Schlüssel zum Erfolg — 85
Die Rückendeckung des Firmengebäudes — 86
Die Rückendeckung innerhalb des Gebäudes — 91

8 Wer ist der Chef? — 97
Die Lage des »Kommandozimmers« — 98
Die Wahl des richtigen Sitzplatzes bei Verhandlungen und Vorträgen — 104
Die Gestaltung von Seminar- und Vortragsräumen — 109

9 Weitere Regeln für den beruflichen Aufstieg — 113
Die Größe des Büros — 114
Regel 1: Sie müssen in der Kontrollposition sitzen — 115
Regel 2: Blicken Sie nicht in Richtung des »Großherzog Jupiter« — 116
Regel 3: Hinter Ihrem Rücken muß sich eine feste Wand befinden — 117
Regel 4: Die günstige Himmelsrichtung — 120

10 Günstige Bereiche im Büro nach dem Ost-West-System — 123
Wie man das Trigramm eines Gebäudes bestimmt — 125
Wie man das persönliche Lebenstrigramm eines Menschen bestimmt — 134
Günstige Bereiche von Gebäude und Person abstimmen — 138
Das Punktesystem zur Bewertung der Bereiche — 139

11 Die goldenen Maße im Feng Shui — 143
Ungünstige Maße führen zu Disharmonien — 147
Wie Türen gemessen werden — 148
Wie Fenster gemessen werden — 150
Schreib- und Arbeitstische — 151

12 Gebäudeformen und Standorte, die Sie meiden sollten — 155
Sie spüren die Gebäudedefekte am eigenen Körper — 156
Gebäude mit Skalpellform — 156
Gebäude mit Pyramidendach — 158
Kegelförmige Gebäude — 158
Gebäude mit Glaswänden — 159
Beispiele für ungünstige Standorte — 160

Inhalt

13 Angreifende und ungünstige Strukturen — **168**
Schädliche Energielinien, die von Gebäudeecken ausgehen — **170**
Den exakten Standort von Hindernissen bestimmen — **174**
Angriffe durch Pfosten und Baumstämme — **177**
Angriffe durch Säulen — **179**
Angreifende und ungünstige Strukturen innerhalb des Büros oder Geschäfts — **183**
Bodenmuster und Symbole — **188**

14 Schädliche Erd- und Raumenergien — **193**
Geopathische Störfelder — **194**
Schwarze Ströme — **195**
Erdverwerfungen — **196**
Erdwirbel — **198**
Computerstrahlung und Elektrosmog — **200**
Pflanzen in Büro- und Geschäftsräumen — **203**

15 Die Organisationsstruktur für das neue Jahrtausend — **207**
Die Pyramidenstruktur — **208**
Die Feng-Shui-Organisationsstruktur — **210**

16 Die Suche nach Glück und Erfolg — **213**
Faktoren für Erfolg und Mißerfolg — **214**
Erfolgsbeispiele — **216**
Faktoren für Wohlstand und Reichtum — **216**
Erfolgsbeispiele — **217**

Nachwort — **220**

Anhang — **222**
Das Punktesystem zum Ost-West-System der acht Gebäudetrigramme — **222**
Bibliographie — **224**
Nützliche Informationen — **227**
Danksagung — **232**

觀音佛祖

唵嘛呢叭咪吽

五鬼陰兵送寶來

五路財神運財到

金

Bei meiner fast dreißigjährigen Arbeit als Unternehmensberater habe ich festgestellt, daß mehr als 80 Prozent der Schwierigkeiten unrentabler Firmen durch Feng-Shui-Probleme verursacht werden. Gezielte Feng-Shui-Maßnahmen haben vielen dieser Firmen dazu verholfen, wieder Gewinn zu machen. Meine Untersuchungen von Firmen, die bankrott gegangen sind, brachten ähnliche Ergebnisse. Gute Kenntnisse im Bereich Business Feng Shui könnten demnach bis zu 80 Prozent der Firmenpleiten weltweit verhindern.

Seit den 80er Jahren wird Feng Shui, die alte chinesische Wissenschaft und Kunst des gesunden Wohnens und erfolgreichen Arbeitens in Asien, Australien und Großbritannien von vielen Menschen wieder praktiziert. Doch Feng Shui ist auch in Nordamerika und anderen Teilen Europas nicht wirklich etwas Neues, denn viele alte Gebäude wurden nach geomantischen Gesichtspunkten gebaut, die den Feng-Shui-Prinzipien nahekommen.

Die Lehren des Business Feng Shui sind jedoch außerhalb traditioneller chinesischer Familienkreise weniger bekannt. Am Kaiserhof des alten China waren sie ein wohlgehütetes Geheimnis. Das Feng-Shui-Wissen der Beamten und Geschäftsleute wurde ausschließlich von Meistern an auserwählte Schüler oder innerhalb eines Familienclans weitergegeben.

Ich hatte das große Glück, bei drei alten Meistern zu lernen, die Spezialisten auf diesem Gebiet waren.

In diesem Buch möchte ich verschiedene Aspekte und Richtlinien der Praxis des Business Feng Shui aufführen und veranschaulichen, um Ihnen einen Überblick auch über seltener erwähnte Aspekte zu vermitteln. Damit haben Sie die Möglichkeit, Fehler zu vermeiden und gegebenenfalls Abhilfen einzusetzen, falls Sie und Ihre Mitarbeiter mit den genannten Problemen konfrontiert sind. Auch wenn Sie das unbestimmte Gefühl haben, Ihr Geschäft läuft nicht so gut, wie es eigentlich könnte, bietet Ihnen Business Feng Shui gute Möglichkeiten, die Energien wieder ins Fließen zu bringen.

Kapitel 1

Die Bedeutung des Business Feng Shui

Kapitel 1 EINFÜHRUNG

Die Bedeutung des Business Feng Shui

Der Grundbegriff Feng Shui setzt sich aus den beiden chinesischen Schriftzeichen Feng (Wind) und Shui (Wasser) zusammen und wurde von alten taoistischen Meistern geprägt, die in den Bergen Chinas lebten und sich der Frage widmeten, welche Bedingungen die Langlebigkeit fördern. Daher studierten sie die Wirkung von Wind, Wasser und der Umweltbedingungen auf den Menschen.

Der Begriff Wind umfaßt alle Arten und Qualitäten von Luft, Raum und Licht sowie die Astrologie und Planetenbewegungen. Der Begriff des Wassers schließt Bergformationen, Wasserläufe, Seen, Gebäude und alles andere ein, was sich auf der Erde befindet.

Das Studium des Feng Shui wurde lange Zeit vom chinesischen Kaiserhof unterstützt, da man die Wirkung von Wind, Wetter und Umweltbedingungen insbesondere auf die Soldaten im Krieg erforschen wollte.

Innerhalb der letzten 5000 Jahre hat sich Feng Shui zu einer tiefgreifenden Erfahrungswissenschaft des Wohnens und Arbeitens entwickelt.

Feng Shui ist im Bewußtsein vieler Menschen verankert und wird von 1,3 Milliarden Chinesen und anderen Asiaten wie Japanern, Koreanern und auch Europäern praktiziert. Feng Shui ist also eine Realität, von der auch Sie beeinflußt werden.

Worin Feng Shui Sie unterstützt

Bei allem was wir im Leben tun – wenn wir bei einer Aufgabe mental, emotional, physisch und spirituell vollkommen engagiert sind, erbringen wir mit Sicherheit gute Leistungen, und wir erzielen auch schneller Ergebnisse. Feng Shui folgt ähnlichen Prinzipien. Je mehr man sich einsetzt und bemüht, desto schneller und besser funktioniert es. Selbst wenn Sie nicht an Feng Shui glauben, werden Sie doch von vielen Naturphänomenen und Umweltbedingungen geprägt.

In meinem ersten Buch »Feng Shui & Gesundheit« habe ich die Essenz und Grundprinzipien der Feng-Shui-Praxis bereits ausführlich erläutert. Sie beruhen vor allem auf der Tatsache, daß uns im Freien hochvitale Qi-Energie und Sauerstoff in großer Menge

---

Häufig gestellte Fragen zum Thema Feng Shui

- *Kann mich Feng Shui beeinflussen, auch wenn ich mir dessen nicht bewußt bin?*
  Die Antwort ist »Ja«!
- *Kann Feng Shui für mich wirken, auch wenn ich nicht daran glaube?*
  Die Antwort ist »Ja«!
- *Kann Feng Shui meine Gesundheit, meine Beziehungen, meinen Wohlstand und mein Leben im allgemeinen verbessern?*
  Die Antwort ist »Ja«!
- *Ist es einfach, Feng Shui zu lernen?*
  Die Antwort ist: »Ja, wenn Sie einen guten Lehrer haben.«

Inhalte des Business Feng Shui — Kapitel 1

zur Verfügung stehen (lesen Sie mehr über das Qi ab Seite 20).

Sobald jedoch Wände und Dächer errichtet sind, werden 70 bis 80 Prozent dieser lebensspendenden Energie sowie des Sauerstoffs blockiert, da sie nicht ins Gebäude einströmen können. Sind Geschäftsgebäude und Büros jedoch nach Feng-Shui-Prinzipien gestaltet, dann geht es den Menschen besser, und das macht sich durch höhere Umsätze und eine gesteigerte Rentabilität bemerkbar. Die Geschäfte in Einkaufszentren sind ebenfalls erfolgreicher, wenn Feng-Shui-Prinzipien umgesetzt wurden – viele Beispiele belegen das.

Feng Shui bietet Techniken an, um mehr Qi-Energie und Sauerstoff in die Räume zu lenken und damit die Luftqualität zu verbessern. Das bringt Ihnen zahlreiche Vorteile:

- Ihre Vitalität wird gestärkt, und Sie können Ihre Leistungsfähigkeit erhalten oder erhöhen.
- Sie sind mehr in Harmonie mit Ihrem Arbeitsplatz. Streß wird abgebaut, wodurch Ihre Intuition gestärkt und Ihre Entscheidungsfähigkeit verbessert wird.
- Ihre Emotionen sind mehr im Gleichgewicht, das heißt Sie sind glücklicher und gewinnen eine positivere Lebenseinstellung.
- Sie verbessern Ihre Beziehungen zu Arbeitskollegen, Kunden und Familienmitgliedern.
- Sie fördern Ihr Wohlstandsbewußtsein und erleben einen Zuwachs an Fülle und Überfluß.
- Sie fördern Gesundheit und Langlebigkeit.

Multinationale Firmen nutzen Feng Shui

Business-Feng-Shui-Berater im Westen sind häufig mit der Forderung konfrontiert, Referenzen von Firmen anzugeben, die Feng Shui erfolgreich angewandt haben. Wie bei anderen Firmenberatungen auch, kann darüber normalerweise nur wenig Auskunft gegeben werden, denn die meisten Kunden möchten dieses Thema vertraulich behandelt wissen. Die nachstehend aufgeführten Firmen sind jedoch in diesem Zusammenhang bereits in der Presse genannt worden. Sie haben ihre Gebäude nach Feng-Shui-Prinzipien gestaltet oder nutzen regelmäßig Business-Feng-Shui-Dienste:

- Die Zentrale der Hong Kong and Shanghai Bank, Hongkong
- Die neue Zentrale von British Airways, England
- Die Zentrale der Donald Trump Group, New York, USA
- Siemens
- IBM
- Marks & Spencers
- Die Virgin-Gruppe
- Die Hotelgruppe Hyatt
- Die Hotelgruppe Shangri-La
- Die Hotelgruppe Holiday Inn

Kapitel 1 Einführung

Millionäre praktizieren intuitiv Feng Shui
Ich habe in über zwanzig Ländern mehr als zweihundert Anwesen und Geschäftsgebäude besichtigt, die im Besitz von Multimillionären waren. Geführt von ihrer Intuition, waren diese Menschen in der Lage, außergewöhnlich gute, hochenergetische und nach Feng-Shui-Maßstäben günstige Standorte auszuwählen, um dort ihre Wohn- und Geschäftsgebäude zu errichten.

Häufig stellte ich den Eigentümern die Frage: »Warum haben Sie diesen Standort und keinen anderen gewählt?« Die Antwort lautete fast immer gleich: »Ich hatte ein gutes Gefühl dabei« oder »Das habe ich aus dem Bauch heraus entschieden.«

Aus meinen Beobachtungen folgerte ich, daß verschiedene günstige Standortfaktoren dazu beitragen, daß jemand Millionär oder Multimillionär wird. Folgende Punkte tauchten immer wieder auf:

1. Die Häuser der Reichen befinden sich häufig in der Nähe eines Sees, einer Bucht oder einer Gegend, in der es frisches Wasser in Hülle und Fülle gibt.
2. Standorte am Wasser liegen erhöht und damit geschützt und weisen viele Grünflächen auf.
3. Insbesondere auf der Vorderseite des Gebäudes befinden sich viele offene Grünflächen.
4. Die Innenräume sind normalerweise hell und freundlich gestaltet.
5. Die gewählte Gegend hat stark belebende Land- und Umgebungsenergien und eine geringe Kriminalitätsrate.

Das Geschäftsleben ist ein subtiler Krieg
Das Geschäftsleben ist eigentlich eine Art subtiler Krieg, in dem man an vielen Fronten »kämpfen« muß. Um ein modernes Unternehmen erfolgreich zu führen, werden viele unterschiedliche Fähigkeiten benötigt. Das macht es sogar noch komplizierter als eine echte Kriegsführung, denn diese wird als erfolgreich betrachtet, wenn es wenige Verluste gibt und die Kosten minimal bleiben. Entsprechend sollte ein erfolgreiches Unternehmen nur einige wenige dafür hochqualifizierte Mitarbeiter beschäftigen und die Kosten so gering wie möglich halten, um einen guten Gewinn zu erzielen.

Dieser geschäftliche »Krieg« wird von Europäern und Asiaten auf sehr unterschiedliche Weise geführt, denn sie haben grundlegend verschiedene Modelle von Problemlösungen. Während die Europäer gern die aggressive Holzhammermethode einsetzen, verfolgen die Asiaten eher subtile taoistische Strategien.

Häufig wird auf der Basis des Gebens und Nehmens verhandelt, dieser sanfte Ansatz kann ein Projekt jedoch verzögern. Europäer betrachten diese Haltung im allgemeinen – und fälschlicherweise – als mangelnde Entscheidungsfähigkeit.

Diese beiden Ansätze bei der Problemlösung könnte man mit dem westlichen Boxkampf im Gegensatz zum chinesischen Tai-chi (Schattenboxen) vergleichen. Beim Boxen wird alle eigene Kraft eingesetzt, um den Gegner k.o. zu schlagen. Dabei verliert man viel Energie, und beide Kämpfer verletzen sich. Im Tai-chi wird mit sanften Bewegungen gearbeitet, wobei die Kraft des Gegners eingesetzt wird, um ihn zu schwächen. Man findet eine Möglichkeit, den Gegner zu überwältigen, indem man ihn in seiner schwächsten Position angreift. Wann immer es einen Kampf zwischen einem Boxer und einem erfahrenen Tai-chi-Praktizierenden gibt, wette ich auf letzteren. Dabei spielt die Körpergröße keine Rolle, denn er oder sie hat in jedem Fall hervorragende Gewinnchancen.

Tai-chi ist wie Feng Shui eine taoistische Praxis. Beide nutzen die Naturgesetze sowie eine sanfte, belebte, subtile Energie, um Widrigkeiten und Hindernisse zu überwinden. Und genaugenommen gelten dieselben Gesetze, wenn Sie ein Unternehmen leiten. Es geht Ihnen um so besser, je weniger Mühen und Kosten Sie haben. Die Chinesen, Japaner und Koreaner, die sich der taoistischen Praxis verschrieben haben, wenden diese nichtaggressive Art der Geschäftsführung ganz bewußt an.

Diese sanfte Vorgehensweise beinhaltet folgende Strategien:

---

1. Eine Verhandlung in die Länge ziehen, um herauszufinden, was der Kunde oder Gegenspieler wirklich möchte. Als Entscheidungshilfe werden seine Stärken und Schwächen studiert.

2. Sich so verhalten, daß man schwach wirkt. Wenn sich dann die Gelegenheit ergibt, kann »die Maus den Elefanten besiegen«.

3. Geringste Anstrengungen sowie geringsten finanziellen Einsatz bringen, was durch Netzwerkarbeit und/oder Interessengemeinschaften und Partnerschaften möglich wird. So können auch große oder komplizierte Aufträge problemlos abgewickelt werden.

4. Die Produkte eines Mitbewerbers kopieren sowie eigene Produkte erfinden, um Zeit und Kosten zu sparen. Kontinuierliche Neuerungen, um den Kunden zufriedenzustellen und zu binden.

5. Jeden Menschen als potentiellen Kunden betrachten. Der Kunde hat immer recht!

6. Immer freundlich sein und jederzeit einen hervorragenden Service bieten – mit einem Lächeln auf den Lippen.

7. Flexibel und in der Lage sein, sich »wie der Bambus im Wind zu wiegen«, um sich wechselnden Bedingungen anzupassen.

8. In Harmonie mit der Gemeinschaft und der Umgebung leben und arbeiten – die Praxis des Business Feng Shui!

Tabelle 1: Taoistische Strategien im Geschäftsleben.

Kapitel 1 EINFÜHRUNG

Die Asiaten, insbesondere die Chinesen, wenden alle diese acht Strategien an, deshalb sind sie auch so erfolgreich. Die fünfzig Millionen Auslandschinesen, die auf der ganzen Welt leben, bilden eine sehr erfolgreiche Gruppe von Unternehmern. In den asiatischen Ländern, wo viele von ihnen auch außerhalb Chinas leben, sind sie in einem beträchtlichen Maß an der Wirtschaft beteiligt.

Die Chinesen sind insbesondere in den asiatischen Drachen-Ländern wie Malaysia, Thailand und Indonesien (bei uns als Tiger-Staaten bekannt) so erfolgreich, daß man sich in Europa häufig fragt, weshalb das so ist. Die Antwort lautet: Sie verwenden alle acht der oben genannten sanften Strategien und praktizieren täglich Feng Shui als Teil ihrer Kultur. Sie können dabei zwar zeitweilig durch Wirtschaftskrisen beeinträchtigt werden, mit Hilfe des Feng Shui erholen sie sich aber immer wieder sehr schnell.

Die Gebiete des Business Feng Shui
Business Feng Shui kann folgendermaßen definiert werden: Es ist die Auswahl und das richtige Arrangement von gesunden, harmonischen und energiereichen Arbeitsräumen, Möbeln und Symbolen, welche die ideale Harmonie in der näheren und weiteren Umgebung aufrechterhalten, um Erfolg und Spitzenleistungen zu fördern.

Das moderne Business Feng Shui umfaßt jedoch noch einen viel größeren Themenbereich. Die zahlreichen, unten aufgeführten Gebiete könnte man auch mit den Begriffen »Raumgestaltung, Geobiologie und Umweltstudium« umschreiben.

1. Harmonisches Gebäudedesign, um Verkauf oder Vermietung zu fördern
2. Belebende Gestaltung und Einrichtung von Häusern und Wohnungen für ein gesünderes Leben und Arbeiten
3. Bürogestaltung für effektives Arbeiten und zur Leistungssteigerung der Mitarbeiter
4. Vitalisierende Arbeitsplatzgestaltung zur Produktivitätssteigerung
5. Sanierung unrentabler Unternehmen durch angewandtes Business Feng Shui
6. Baubiologie (zum Beispiel Überprüfung der Schadstoffbelastung)
7. Geomantie – Untersuchung negativer und positiver Erdenergien, um Gesundheitsprobleme durch Büro und Wohnung zu vermeiden
8. Kraftpunkte des Bodens identifizieren und nutzen
9. Gesundheitsvorsorge für Führungskräfte
10. Feng Shui als Gesundheitstherapie für »kranke« Gebäude
11. Untersuchung der Innenräume
12. Untersuchung der äußeren Umgebung
13. Optimierung der Arbeitsabläufe zur Kosteneinsparung
14. Gestaltung von wirkungsvollen Business-Logos
15. Gestaltung öffentlicher Parks und Naturschutzgebiete nach Naturgesetzen
16. Stadtdesign für Wachstum und Geschäftserfolg
17. Maßnahmen zur Revitalisierung und Verjüngung der Stadt
18. Gestaltung von Kraftplätzen
19. Gestaltung von Stein-, Wasser- und Zengärten

20. Gestaltung von Springbrunnen und Wasserspielen
21. Geopunktur zur Neutralisierung von negativen und toxischen ober- und unterirdischen Energien

Angesichts dieser Vielfalt von Aspekten wird offensichtlich, wie komplex das Gebiet des Business Feng Shui ist. Es geht hier nicht einfach um Möbelrücken oder Raumgestaltung, sondern um tiefgehende Untersuchungen, welche das Studium der Landschaft, des Gebäudes, des Menschen und deren Wechselwirkung einschließen. Die Kunst besteht darin, diese zahlreichen Faktoren aufeinander abzustimmen. Vorteilhafte Strukturen müssen gestärkt und Probleme erkannt werden. Dann erfolgt die Auswahl der passenden Abhilfen.

Ins moderne Business Feng Shui sind auch die Aspekte Geobiologie und Baubiologie integriert. Eine Feng-Shui-Maßnahme wie die Berechnung der günstigen Himmelsrichtungen für den optimalen Arbeitsplatz einer bestimmten Person werden nicht den gewünschten Effekt haben, wenn diese Person gleichzeitig einem geopathischen Störfeld wie einer Wasserader oder einer starken Schadstoff- oder Strombelastung ausgesetzt ist. Erst wenn gewisse Prioritäten berücksichtigt sind, können auch die subtileren günstigen Energien unterstützend wirken.

Mit diesem Buch möchte ich Ihnen die Möglichkeit geben, Ihren Betrieb oder Ihr Unternehmen aus einer neuen Perspektive zu betrachten. Nicht nur Ihre persönliche Leistung und Ihr Einsatz zählen, sondern auch die äußeren Strukturen und die Umgebung. Das Gebäude, in dem Sie sich befinden, könnte als Ihre »zweite Haut« betrachtet werden, und hat einen wesentlichen Einfluß auf Ihr Leben und Ihren Erfolg.

Bei der Lektüre werden Sie zahlreiche Anhaltspunkte dafür finden, warum Sie sich beispielsweise in Ihrem Bürozimmer besonders wohl oder unwohl fühlen. Vielleicht wollten Sie schon lange einmal Ihren Arbeitstisch umstellen oder endlich ein neues Logo entwerfen. Fragen wie »Warum ist mir dieser Vortrag oder dieses Vorstellungsgespräch gelungen – oder auch nicht?« können unter dem Aspekt der Räumlichkeiten zusätzlich beleuchtet werden.

Wenn Sie mit geschärftem Blick Ihren Geschäftseingang oder die Lage und Gestaltung anderer Gebäude betrachten, können Sie Hinweise auf Strukturen finden, welche Sie stärken oder schwächen.

Nicht zuletzt bietet Ihnen Business Feng Shui einen Einblick in das asiatische Denken und Handeln, was zu einem tieferen Verständnis für Ihre Geschäftspartner und zu einer größeren Wettbewerbsfähigkeit führt.

Das nachfolgende Kapitel soll Ihnen einen Überblick über die einzelnen Aspekte und Disziplinen des Feng Shui vermitteln.

用途

Kapitel 2

Die Feng-Shui-Praxis im Überblick

Kapitel 2 ÜBERBLICK

Die Feng-Shui-Praxis im Überblick

Auch wenn die meisten Feng-Shui-Grundprinzipien für Wohn- und Geschäftshäuser ähnlich sind, unterscheiden sich manche in der Anwendung ganz erheblich. Das Zuhause ist einerseits unser Heiligtum, der Ort, an dem wir und unsere Familie ruhig und zurückgezogen leben und uns geschützt fühlen möchten. Hier wollen wir uns ausruhen und unsere Energie wieder sammeln. Wir wünschen keine Störung von außen. Einige Wohnhäuser sind sogar wie eine Burg nochmals speziell abgeschirmt, es gibt hohe Sicherheitszäune und Wachhunde, die auf dem Grundstück patrouillieren. Vor anderen Häusern stehen Warnschilder wie: »Eintritt verboten« oder »Zutritt für Unbefugte untersagt«.

Genau das Gegenteil gilt für die meisten Firmen- oder Geschäftsgebäude. In der Geschäftswelt werden Millionensummen ausgegeben, um Kunden anzuziehen und davon zu überzeugen, den Laden oder die Firma zu besuchen oder einfach nur anzurufen – denn die Unternehmen wollen ja ihre laufenden Kosten erwirtschaften und für die Zukunft Gewinne erzielen.

Hier wird deutlich, daß es einen signifikanten Unterschied zwischen einer häuslichen und einer Geschäftsumgebung gibt. Die Praxis des Feng Shui muß daher entsprechend auf die vom Wettbewerb geprägte und überaus aktive Firmenumgebung abgestimmt werden. Geschäfts- und Büroräume müssen so attraktiv und harmonisch wie möglich gestaltet werden, damit möglichst viele Kunden angezogen werden.

In der Geschäftswelt gibt es fünf Feng-Shui-Faktoren, die Priorität haben:
1. Saubere Luft und stark belebendes Qi im Gebäude
2. Eine starke Rückendeckung für das Firmengebäude
3. Ein stabiles Gebäude mit günstig gestaltetem Standort
4. Gebäudelage in einer harmonischen Umgebung beziehungsweise Landschaft
5. Eine harmonische, entspannende Innenraumgestaltung, die Kunden anzieht und gleichzeitig den Arbeitsstreß mindert.

Nachfolgend sollen einige Grundbegriffe des Feng Shui erläutert werden.

Das Qi
Das kosmische Qi ist eine feinstoffliche Energie, die alle Lebewesen am Leben erhält. Nach der Akupunkturlehre tritt die Lebensenergie Qi bei der Geburt in den Körper ein und fließt während des Lebens auf den Akupunkturmeridianen. Durch diesen Energiestrom sind alle Zellen des Körpers miteinander verbunden, was man sich auch in der Akupunktur zunutze macht, wenn Nadeln an bestimmten Stellen gesetzt werden, um Energieblockaden aufzulösen und den Qi-Fluß wieder ins Gleichgewicht zu bringen.

Ähnlich verfährt man in Gebäuden – hier wird die Gestaltung und Einrichtung der Räumlichkeiten untersucht und gegebenen-

Der Qi-Fluss **Kapitel 2**

falls verändert, um den Qi- oder Energiefluss zu verbessern. Weil Qi und Sauerstoff auch dem Wind und dem fließenden Wasser folgen, setzt man beispielsweise Pflanzen und Wasserspiele ein, um zusätzliches Qi und Sauerstoff in das Gebäude zu bringen. So wird die Raumluft verbessert, damit sie in ihrer Frische mehr der Luft im Freien ähnelt und eine möglichst belebende Wirkung hat.

Der Qi-Fluß in Räumen Die Tür des Büroraums gleicht dem Mund einer Person; über sie kommen 70 bis 80 Prozent der kosmischen Energie und des Sauerstoffs herein, die restlichen 20 bis 30 Prozent über die Fenster (in fensterlosen Büros sind daher das Qi und der Sauerstoffgehalt eher niedriger).

Der Energiefluß ist der wichtigste Faktor, der bei der Bürogestaltung zu berücksichtigen ist. Kosmische Energie und Sauerstoff sollten in allen Bereichen des Raumes zirkulieren und von den Menschen genutzt werden können, bevor sie wieder entweichen.

Eine wichtige Rolle spielt hierbei die Lage der Türen und Fenster. In vielen modernen Büros liegen sich Tür und Fenster in direkter Linie gegenüber – das Qi entweicht schnell über Fenster oder Glaswände, anstatt in anderen Bereichen des Büros zu zirkulieren. Abbildung 2.1 zeigt einen idealen Raumschnitt, der es der kosmischen Energie und dem Sauerstoff ermöglicht, länger im Raum zu verweilen.

Abbildung 2.1: In einem günstig geschnittenen Raum können sich die kosmische Energie und der Sauerstoff gleichmäßig im Raum verteilen, während die verbrauchte Luft über das Fenster entweicht.

Energiefluß

Kapitel 2 ÜBERBLICK

Abbildung 2.2: Ein weiteres Beispiel für ein günstig gestaltetes Büro. Die Wand gegenüber der Tür lenkt 70 bis 80 Prozent des Qi um, die dann im Raum zirkulieren können. Nur 20 bis 30 Prozent der Energie entweichen. Wer in einem Büro wie in Abbildung 2.1 und 2.2 arbeitet, hat mehr kosmische Energie und Sauerstoff zur Verfügung, ist vitaler und kann bessere Leistungen erbringen.

Energiefluß

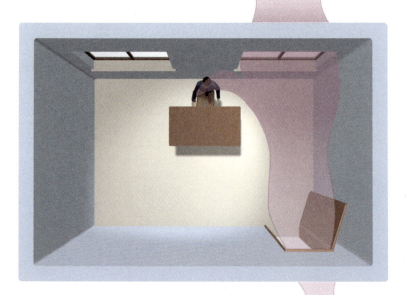

Abbildung 2.3: Das Qi entweicht über ein direkt gegenüber der Tür befindliches Fenster, bevor es im Raum zirkulieren kann. Wer hier sitzt, ermüdet leicht, kann sich schlecht konzentrieren und erbringt schlechte Arbeitsleistungen.

Energiefluß

Wasser, ein wichtiger Faktor für gutes Feng Shui

Wasser, das in Bewegung ist, erzeugt Reibung, die wiederum elektromagnetische Felder entstehen läßt. Dadurch werden mehr Qi und Sauerstoff angezogen, was sich in einer frischeren Luft bemerkbar macht.

In vielerlei Hinsicht praktizieren auch die Europäer schon seit Hunderten von Jahren Feng Shui. Die Architekten historischer Gebäude setzten oft Wasserspiele oder Teiche mit bewegtem Wasser vor dem Eingangsbereich ein, um viel günstiges Qi anzuziehen sowie eine möglichst hohe Vitalität zu erreichen. In vielen Einkaufszentren und auf öffentlichen Plätzen werden auch heute noch Springbrunnen eingesetzt, um Menschen anzuziehen, denn Wasser ist ein wichtiges Werkzeug im Feng Shui.

Auch im Büro ist ein Zimmerbrunnen häufig eine gute Feng-Shui-Maßnahme, um mehr Energie und Sauerstoff in den Raum zu ziehen. Gerade in geschlossenen Räumen sollte aber genau darauf geachtet werden, wo der Springbrunnen aufgestellt wird, welche Größe und Form er besitzt und ob er mit den dort arbeitenden Menschen sowie den vorhandenen Elementen harmonisiert (siehe dazu auch Kapitel 3).

Die Wechselwirkung zwischen Mensch und Gebäude

Im Laufe der langen Menschheitsgeschichte haben unsere Vorfahren eine untrennbare Verbindung zwischen sich selbst und ihren Gebäuden geschaffen. Sie bauten ihre Häuser sogar so, daß sie dem menschlichen Gesicht und Körper ähnelten. Ein Haus oder ein

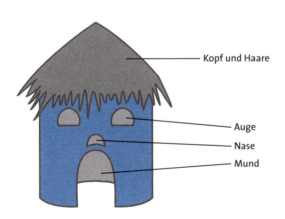

Abbildung 2.4: Diese Art von primitiven Häusern ist immer noch in Ländern wie Afrika, Südamerika, Indonesien und Borneo zu finden.

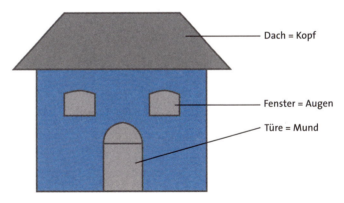

Abbildung 2.5: Viele neue Häuser haben ebenfalls eine Ähnlichkeit mit dem menschlichen Gesicht.

Kapitel 2 ÜBERBLICK

Gebäude wurde ihre Schutzschicht gegen Feinde oder Diebe sowie ein Schutz vor schlechtem Wetter und anderen Bedrohungen. Es ist daher mit einem Heiligtum vergleichbar. Dort fühlen wir uns sicher, auch wenn wir beispielsweise durch Glaswände nicht so gut abgeschirmt und damit verwundbarer sind.

Ein Wohn- oder Geschäftsgebäude, das wir aussuchen, richtet sich nach unserem persönlichen Geschmack und Verhalten. Zwei Häuser oder Geschäftsräume können von außen gleich aussehen, sie unterscheiden sich aber völlig durch die Inneneinrichtung und Raumgestaltung, die dem individuellen Geschmack der Bewohner angepaßt sind.

Wenn Sie ein Gebäude ausgewählt haben und sich dort aufhalten, übernehmen das Design und der Charakter sowie die Form des Gebäudes die Kontrolle über Sie. Es wirkt sich auf Ihr Verhalten und Ihre Emotionen aus. Das folgende Beispiel zeigt ein Haus mit einem gespaltenen Dach, das nachgewiesenermaßen eine Disharmonie unter den Bewohnern auslöst.

Eine Familie kann sehr harmonisch sein, wenn sie gerade erst in dieses Gebäude eingezogen ist. Im Laufe der Zeit wird sie jedoch von der Negativenergie des Daches beeinträchtigt. Das kann bis zu drei Jahre oder 72 Mondzyklen dauern. Dann setzt eine Disharmonie ein, die zu Streitigkeiten, Trennung und sogar zur Scheidung führen kann. In Zürich trennte sich ein Paar, das eigentlich gut zusammenpaßte, nachdem es sechs Jahre in einem solchen Haus gelebt hatte. Sie heirateten erneut, nachdem sie beide umgezogen waren.

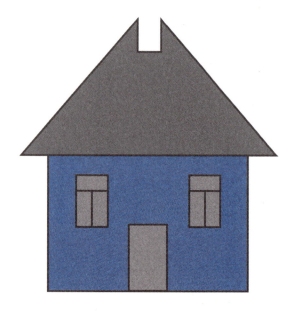

Abbildung 2.6: Ein Haus mit gespaltenem Dach.

Mensch und Gebäude Kapitel 2

Das Gebäude spiegelt Ihre Gesundheitsprobleme wider Sie übernehmen tatsächlich das Bewußtsein des Gebäudes, denn es repräsentiert Ihre Person. Das Dach des Hauses steht für Kopf und Haare, die Wände sind mit Ihrer Haut vergleichbar. Die Fenster stehen für die Augen, die Balkenstrukturen für das Skelett, die Tür ist mit Mund und Nase gleichzusetzen usw.

In Malaysia gab es einen Mann, der eine Kopfhauterkrankung hatte und dem kein Arzt helfen konnte. Ich stellte fest, daß viele alte Dachziegel auf seinem Haus zerbrochen und verrutscht waren, und fast genau in diesen Bereichen waren erkrankte Hautstellen am Kopf zu finden. Nachdem das Haus neu gedeckt worden war, war sein Haar- und Kopfhautproblem gelöst.

In einem anderen Fall hatte eine Frau in Hamburg eine Hauterkrankung auf der linken Körperseite. Eine medizinische Behandlung konnte die Beschwerden nur teilweise lindern. Der größte Teil ihrer linken Hauswand war von Efeu bedeckt. Die Wurzeln des Efeus hatten den Putz teilweise gelöst – so als ob sich die Haut schälen würde. Nachdem der Efeu entfernt und die Wand neu verputzt worden war, konnte sich auch die Haut der Frau erholen.

Diese Geschichten sind kein Zufall, sie ergeben sich aus Beobachtungen, die nach Feng-Shui-Kriterien analysiert werden. Ich kenne zahlreiche Fallbeispiele, die ein Buch füllen könnten.

Um zu demonstrieren, daß auch die Innenwand in einem Büro die Haut der sich dort aufhaltenden Personen darstellt, reiben oder kratzen Sie einmal an der Wand, ohne daß es die anderen merken. Sie werden feststellen, daß sich alle im Raum und auch Sie selbst unwohl und geschwächt fühlen. Mit Hilfe des Muskeltests der angewandten Kinesiologie kann diese Körperreaktion ebenfalls festgestellt werden. Wenn an einer Bürowand oder einer Scheibe kontinuierlich gekratzt würde, würden die Meridiane und der Muskelwiderstand aller Menschen im Raum geschwächt werden. Dieses Experiment ist in mehr als zehn Ländern durchgeführt worden und zeigte immer eine ähnliche negative Wirkung.

Die nachfolgenden Abbildungen 2.7a-d können die Verbindung zwischen Mensch und Gebäude am besten veranschaulichen und zeigen, daß die Form des Gebäudegrundrisses die Gesundheit und Leistung der sich dort aufhaltenden Menschen beeinflußt.

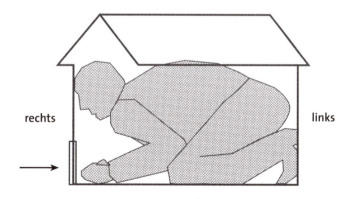

Abbildung 2.7a: Ein Gebäude ähnelt einem menschlichen Körper.

Kapitel 2 ÜBERBLICK

Abbildung 2.7b: Der Gebäudegrundriß von unten (aus der Kellerperspektive) betrachtet. Die Umrißform des menschlichen Körpers wurde in den Gebäudeplan eingepaßt.

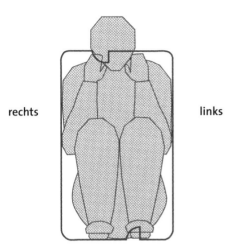

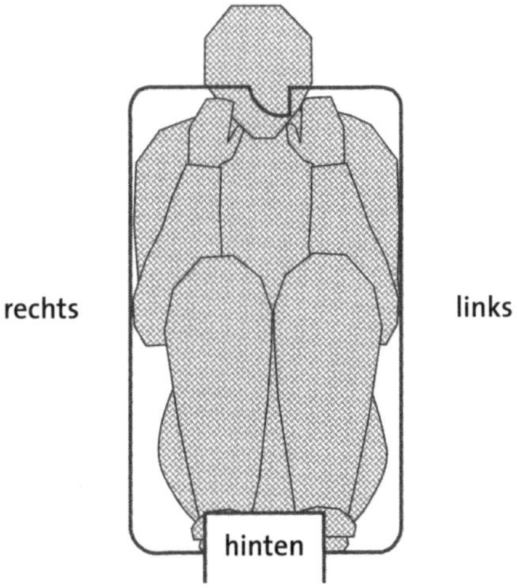

Abbildung 2.7c: Der hintere Bereich dieses Gebäudes fehlt. Eine schwache Rückendeckung steht für fehlende Unterstützung im Geschäftsleben. Ohne eine starke Unterstützung von Kunden, Personal und der Bank hat ein Unternehmen wenig Chancen auf Erfolg. Auch mit aller finanzieller Stärke würde ein multinationales Unternehmen nach dem Einzug in ein solches Gebäude zu kämpfen haben, um Profit zu machen.

Abbildung 2.7d: Dieses Gebäude hat auf der rechten Seite einen Fehlbereich. Die Menschen in diesem Gebäude hätten viel häufiger Probleme mit der rechten Schulter. Die Abbildung 2.8 zeigt weitere Zusammenhänge anhand der acht Lebensziele – jede Ecke eines Gebäudes oder eines Büroraumes steht für viele Sinnbilder und Phänomene in unserem Alltagsleben.

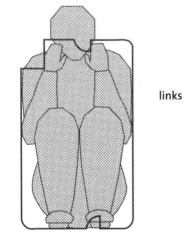

Die acht Lebensziele

Die acht Lebensziele, auch acht Lebenssituationen genannt, sind eines der ältesten Systeme im Feng Shui. Die Zeichnung unten zeigt, wo sich die Bereiche im Gebäude sowie in jedem einzelnen Raum befinden, die Sie für das jeweilige Lebensziel aktivieren können. Fehlende Ecken oder Wandeinschnitte beeinträchtigen andererseits das entsprechende Lebensziel. Wenn der Grundriß beispielsweise in der Ecke der Mentoren und hilfreichen Menschen einen Fehlbereich aufweist, kann eine Firma Schwierigkeiten haben, einen Kredit oder andere Finanzierungen von der Bank zu erhalten.

Das Ost-West-System

Die alten Chinesen entdeckten jedoch noch weitere Einflüsse, die in einem Gebäude positiv oder negativ wirken, was auf die Energien in einem Raum oder Gebäude oder auf die Energien, die durch die Inneneinrichtung entstehen, zurückzuführen ist. Sie entwickelten das System der acht Gebäudetrigramme, um dem Hausbauer Richtlinien für günstige Bereiche zu vermitteln und damit ungünstige Bereiche zu vermeiden. Nach den günstigen Bereichen wurden der Standort des Hauses und die Nutzung der Innenräume festgelegt.

Abbildung 2.8: Nach dem System der acht Lebensziele steht jeder Bereich im Büro für ein Lebensziel des Menschen.

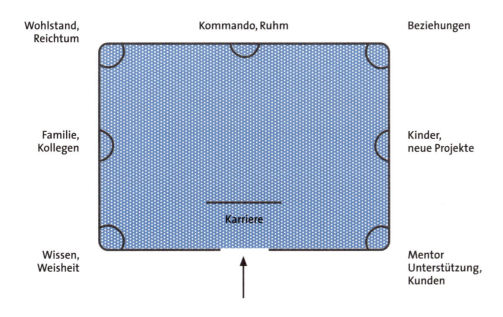

Kapitel 2 ÜBERBLICK

Nachfolgend sehen Sie eine Form der acht Trigramme nach dem Ost-West-System. Wie dieses System angewandt wird, erfahren Sie in den Kapiteln 9 und 10 dieses Buches.

In der Feng-Shui-Praxis arbeiten wir also mit den acht Trigrammen des Ost-West-Systems, auch das System der *acht Häuser* genannt, um für den einzelnen den Raum zu finden, der für ihn am besten geeignet ist. Das System der acht Trigramme zeigt Parallelen zum Grundsymbol des Lebens, das in allen Zellen von Pflanzen, Tieren und dem Menschen vorhanden ist (siehe Abbildung 2.10a).

Das Symbol der Acht Die acht Trigramme lassen sich auf das Symbol der Acht zurückführen. Die jeweils äußeren Hälften des Achtersymbols bezeichnen jeweils einzelne Räume und Bereiche, während die zweite Hälfte der Acht hier immer in der Mitte sitzt und einen Zentralbereich anzeigt, der von

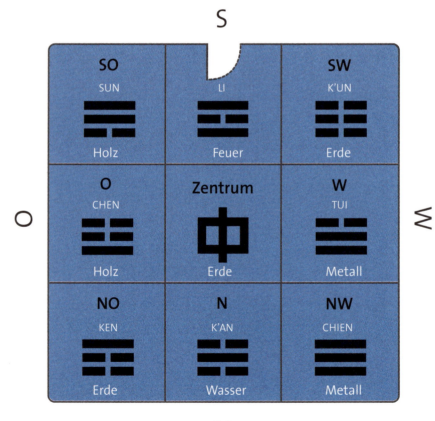

Abbildung 2.9: Grundrißeinteilung mit Himmelsrichtungen nach dem Ost-West-System der acht Trigramme des späteren Himmels. In einem Kästchen stehen jeweils die Himmelsrichtung, der Trigrammname, das Trigrammsymbol sowie die Elementezuordnung.

Die acht Trigramme Kapitel 2

allen Bewohnern (beziehungsweise Mitarbeitern) eines Gebäudes genutzt werden kann. Dieser Innenhof in der Mitte wird von den Chinesen auch als Mingtang bezeichnet.

Das Symbol der Acht ist auch als ein altes Symbol der Unendlichkeit bekannt. Wenn man die Acht nachfährt, gibt es keinen Ausgang, diese Form bildet eine unendlich fließende Linie. Daher ist die Acht auch ein Symbol für Harmonie und Wohlstand.

Abbildung 2.10a (oben): Das dreifache Symbole der Acht bildet das Symbol des Lebens.

Abbildung 2.10b (unten): Das vierfache Symbol der Acht wurde bei der Gestaltung von alten Rundhäusern verwendet.

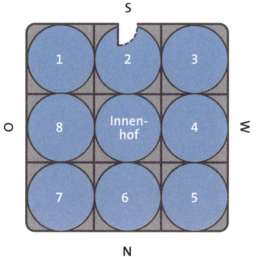

Abbildung 2.10c: Der Grundriß eines modernen Gebäudes, auf den das vierfache Symbol der Acht gelegt wurde, um die acht Trigramme des Ost-West-Systems zu bilden. Anmerkung: Die Zahlen 1 bis 8 sind in diesem Fall für die Bezeichnung der Bereiche nur willkürlich gewählt und haben keine weitere Bedeutung.

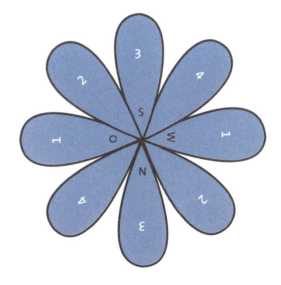

Kapitel 2 ÜBERBLICK

In Hongkong, Singapur, Thailand, Malaysia und Südchina bezahlt man für ein Fahrzeugkennzeichen mit der 88 oder 888 mehrere Millionen Dollar. Oft sieht man auch in Europa Fahrzeuge der Oberklasse, die ein Nummernschild mit einer oder mehreren 8ern tragen.

Wenn man das Feng Shui der acht Trigramme studiert, studiert man eigentlich sich selbst und die eigene Wechselwirkung mit dem Gebäude – inwieweit es unsere Zellen, unser Verhalten, unsere Gesundheit und unsere Leistungen beeinflußt.

Die acht Energiepunkte des Menschen

Kürzlich haben amerikanische und australische Gesundheitsforscher entdeckt, daß das subtile elektromagnetische Feld des Körpers mit acht vibrierenden Energiepunkten verbunden ist (siehe Abbildung 2.11a). Diese acht Energiepunkte, die vom menschlichen Körper abstrahlen, wirken wie Fühler, über die der Mensch seine Umgebung abtastet. Sie verleihen ihm die Fähigkeit, die Energie und die Umweltbedingungen in einem Raum oder im Freien zu spüren. Ein negativer oder positiver Bereich in einem Raum oder Gebäude kann so über diese Fühler wahrgenommen werden (siehe Abbildung 2.11b).

Wer sich in diesem Raum aufhält, wird über seine Fühler die Energie, die von den scharfen Kanten eines Schrankes oder einer Säule ausgeht, mehr oder weniger bewußt wahrnehmen. Wer über einen längeren Zeitraum in diesem Raum arbeitet, würde durch die energetische Beeinträchtigung eine geringere Leistung zeigen. Aus diesem Grund sollten Strukturen, Ausstattungs- und Einrichtungsgegenstände abgerundete Ecken haben.

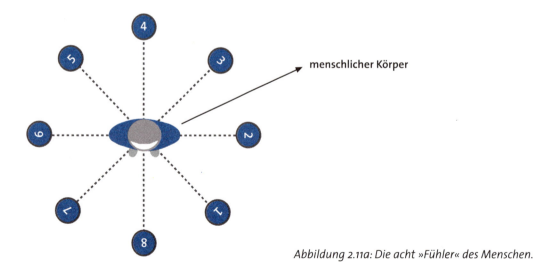

Abbildung 2.11a: Die acht »Fühler« des Menschen.

DIE ACHT ENERGIEPUNKTE **Kapitel 2**

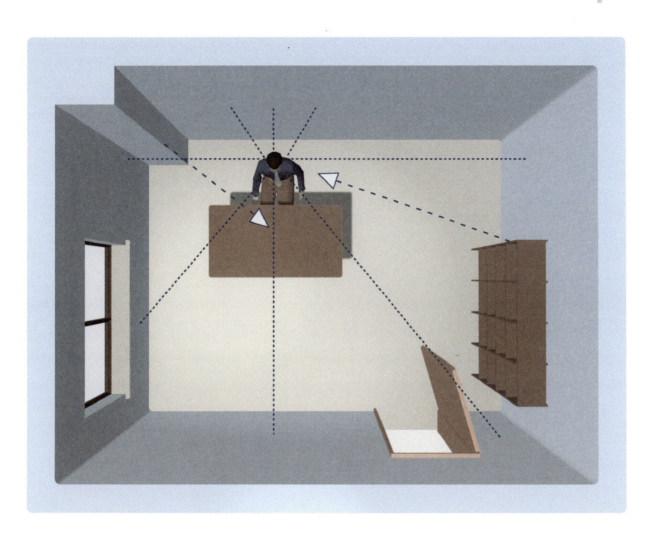

Abbildung 2.11.b: Die »Fühler« des Menschen können die Energien der Kanten wahrnehmen.

Kapitel 2 ÜBERBLICK

Der Standort

Alles in der Natur – und wir sind Teil der Natur – entspricht bestimmten universellen Harmonieprinzipien. Die Erfahrung zeigt, daß es für alles die richtige Zeit und den richtigen Ort gibt, um einen außergewöhnlichen Erfolg zu erzielen. Es gibt Pflanzen, die in der Natur üppig wachsen, ohne daß der Mensch etwas dazu tut. Andererseits gibt es kultivierte Bäume und Pflanzen, die trotz der besten Pflege und Aufmerksamkeit nicht so gut gedeihen.

Wenn Sie ein Geschäft oder eine Firma haben, müssen Sie sich bei Ihrer Planung ebenfalls nach den Naturgesetzen richten, um Ihren Erfolg zu verbessern. Feng Shui ist ein Weg, sich mit den Naturgesetzen zu arrangieren.

So sollten der Mensch und die Branche mit dem Standort harmonieren. Nicht jeder Betrieb oder jedes Geschäft kann an jedem Standort in einer Stadt florieren. Während meiner fast dreißigjährigen Tätigkeit als Unternehmensberater habe ich bei meiner Arbeit mit Feng Shui entdeckt, daß bestimmte Arten von Geschäften in einem bestimmten Stadtbereich oder einer Himmelsrichtung sehr schnell expandieren können.

Umweltbedingungen, Landschaftsformationen und die Bevölkerungsdichte sind ebenfalls Faktoren, die für den Standort eines Geschäftes von Bedeutung sind. Wenn Sie ein erfolgreiches Unternehmen in ein anderes Gebiet verlegen, wächst es trotz steigender Kundenzahlen und einer guten Infrastruktur und Einrichtung nicht unbedingt so gut und ist auch finanziell nicht immer so erfolgreich wie erwartet. Um einen passenden Standort für eine bestimmte Art von Geschäft oder einen Herstellungsbetrieb zu finden, sollten die Dienste eines erfahrenen Feng-Shui-Beraters oder Geomanten in Anspruch genommen werden.

Rückendeckung und Mingtang

Da das Gebäude mit dem menschlichen Körper vergleichbar ist, muß der Standort möglichst unterstützend wirken. Auf der Rückseite sollte sich eine natürliche Erhebung wie ein Hügel, eine hohe Mauer oder ein weiteres Gebäude befinden, welche die Rückendeckung stärken. Auf diese Art und Weise ist das Gebäude und damit die Firma von hinten geschützt und erhält damit im übertragenen Sinne auch die Unterstützung durch Mitarbeiter, Teilhaber sowie Außenstehende wie Banken oder die Stadtverwaltung (siehe auch Kapitel 7).

Im Eingangsbereich – dem Bereich des Kopfes – sollte genügend Platz vorhanden sein, damit das Gebäude frei atmen kann. Die Tür wird hier mit dem Mund verglichen, über den der größte Teil des kosmischen Qi und Sauerstoffs eindringt. Das bedeutet, daß der Eingangsbereich möglichst offen, groß und ohne beengende oder angreifende Strukturen gestaltet sein sollte. Ein schlauchförmiger, verwinkelter Eingang wirkt andererseits beengend und beeinträchtigt den guten Qi-Fluß – das Gebäude »bekommt keine Luft«.

Im Feng Shui spricht man in diesem Zusammenhang vom *Mingtang,* was auf chinesisch *heller Saal* oder *heller Platz* bedeutet. So gibt es einen inneren Mingtang – den Eingangsbereich innerhalb des Gebäudes sowie einen äußeren Mingtang – außerhalb des Gebäudes auf Höhe des Eingangs. Bei den acht Trigrammen auf Seite 29 wird der Innenhof eines Gebäudes ebenfalls als Mingtang bezeichnet.

Eine alte Feng-Shui-Empfehlung besagt, daß der Platz vor dem Kaiserpalast so groß sein soll, daß sich dort 100 000 Pferde versammeln können.

Auf die heutige Zeit übertragen bedeutet das einen möglichst freien, offenen Platz vor dem Geschäftsgebäude ohne Einschränkungen durch Säulen, hohe Mauern oder Gebäude in nächster Nähe (siehe auch Kapitel 13). Ein günstiger äußerer Mingtang mit uneingeschränkter Sicht bedeutet nicht nur, daß sich vor dem Geschäftshaus gute Energie sammeln kann, sondern daß die dort arbeitenden Personen die Möglichkeit erhalten, Perspektive und »Weitblick« zu entwickeln.

Diese Grundregeln für Rückendeckung und Mingtang gehören zum Gebiet des Landschafts-Feng-Shui und haben Priorität vor anderen Disziplinen wie dem Ost-West-System und astrologischen Faktoren.

Die persönlichen Himmelsrichtungen

Im Feng Shui werden Einflüsse der Himmelsrichtungen berücksichtigt. So wie Jahr für Jahr bestimmte Vogelarten die gleiche Route vom Norden in den wärmeren Süden zurücklegen, um dem kalten Winter zu entgehen, hat auch jeder Mensch Himmelsrichtungen, mit denen er mehr oder weniger harmoniert. So wird in bezug auf die Himmelsrichtung nicht jeder Stadtteil zu Ihnen »passen«, selbst wenn das Geschäft einen sehr belebten – und damit scheinbar günstigen – Standort hat. Deshalb wird im Business Feng Shui der Harmoniefaktor jeweils auf den Besitzer abgestimmt, sofern er persönlich das Geschäft führt. Wenn es einen Geschäftsführer gibt, muß dieser gemäß seiner persönlich günstigen Himmelsrichtungen ebenfalls in Harmonie mit dem Unternehmen sowie dem Standort sein.

Daher sollten Sie Ihre besten Richtungen kennen und nutzen. Das gleiche Prinzip gilt auch innerhalb des Gebäudes. Wenn Sie beispielsweise auf dem Kraftpunkt des Büros sitzen, werden Sie beruflich schneller befördert werden. Sie werden auch in der Lage sein, Ihre Geschäfte effektiver zu führen und dabei mehr Respekt zu genießen.

Astrologische Faktoren

Im Feng Shui werden nach dem Geburtsdatum astrologische Faktoren berechnet, um den harmonischsten und günstigsten Sitzplatz auszuwählen, an dem die eigene Energie wieder aufgeladen wird, wodurch der einzelne gesünder und leistungsfähiger wird. Bestimmte Planeten wie beispielsweise Jupiter strahlen kraftvolle Frequenzen in Richtung Erde aus (siehe auch Kapitel 9). Einige dieser Planetenfrequenzen können Müdigkeit auslösen, wenn Sie genau so sitzen, daß Sie in die Richtung blicken, aus der sie kommen. Die Einstrahlungsrichtungen sind auf Grund der Planetenbewegungen veränderlich. Feng Shui hilft, den Wirkungsbereich der negativen Strahlen zu identifizieren und zu vermeiden.

Kapitel 2 ÜBERBLICK

Auf der fortgeschrittenen Stufe gibt es darüber hinaus die astrologischen Berechnungen zu den sogenannten Fliegenden Sternen, die ich an dieser Stelle nur kurz erwähnen möchte. Anhand der Fliegenden Sterne lassen sich Vorhersagen machen, in welchen Gebäudebereichen es innerhalb einer bestimmten Zeitspanne besonders gute Energien geben wird, die beispielsweise den Wohlstand des Unternehmens unterstützen. Andererseits lassen sich auch Zeitpunkte feststellen, in denen störende kosmische Einflüsse wirken, die zum Beispiel auf vermehrte Streitigkeiten oder eine erhöhte Feuergefahr hinweisen. Dann können Feng-Shui-Abhilfen auf der Grundlage der Fünf Elemente (Kapitel 3) eingesetzt werden, die den schädlichen Einflüssen entgegenwirken. Die Fliegenden Sterne sind somit ein weiterer dynamischer Aspekt, der für jeden Monat, jedes Jahr oder größere Zeitzyklen von 20 Jahren und mehr kalkuliert werden kann.

Negative Energien vermeiden

Wir alle werden kontinuierlich von unterschiedlichen Energien beeinflußt. Es ist bekannt, daß Negativenergien von geopathischen Störfeldern, die zum Beispiel durch unterirdische Wasserläufe entstehen, zu Krebs und anderen degenerativen Erkrankungen führen können. Sie müssen sich von diesen schädlichen Energien fernhalten, damit Sie gesund bleiben und chronische Müdigkeit vermeiden können.

Hinzu kommt die Belastung durch elektrische und elektromagnetische Strahlung (Elektrosmog) in modernen Büros, die von Stromleitungen, Computern, Handys und Büromaschinen ausgeht. Ohne Feng-Shui-Maßnahmen ist es in diesen Räumen oft trocken und stickig. Menschen, die in einer solcherart belasteten Umgebung arbeiten, fühlen sich nicht wohl, können sich nur schwer konzentrieren und sind daher auch nicht sehr leistungsfähig. Sie leiden häufiger unter Kopfschmerzen, Lungenproblemen und Allergien. All diese Faktoren wirken sich natürlich entsprechend ungünstig auf die Produktivität aus.

Manchmal mangelt es der äußeren Umgebung auch an Landschaftsvitalität, ein Standort kann für den Menschen zu aggressiv sein und gesundheitliche sowie geschäftliche Probleme verursachen. Mit guten Feng-Shui-Kenntnissen können Sie diese »black spots« identifizieren und unnötige Beschwerden vermeiden. Warum sollten Sie sich in Ihrer Arbeit unnötig behindern?

In vielen Gegenden gibt es schlechte Bodenenergien, die als »Schwarze Ströme« bezeichnet werden (siehe auch Kapitel 14). Firmen mit einem solchen Standort sind mit einer größeren Wahrscheinlichkeit erfolglos. Ein erfahrener Berater kann bewährte Abhilfen einsetzen, um die Negativwirkung zu neutralisieren, damit Firmen wieder erfolgreich arbeiten können.

Nach Feng Shui planen und bauen

In Australien und Asien ist bekannt, daß Wohngebäude, die nach Feng-Shui-Prinzipien errichtet worden sind, Spitzenpreise erzielen, die 10 bis 20 Prozent über dem Marktpreis liegen. Das bedeutet einen erheblichen Vorteil für Projektentwickler und Bauunter-

Die zwölf Disziplinen — Kapitel 2

nehmer. Ebenso können Besitzer und Investoren beruhigt sein, denn sie bekommen Gebäude mit einer hohen Energie, in denen man angenehm wohnt und die einfach zu vermieten oder zu verkaufen sind – eine Situation, in der alle Beteiligten gewonnen haben.

Die Planung und der Bau neuer Gebäude nach Feng Shui ist ein weiterer großer Themenbereich, der im Rahmen dieses Buches jedoch nicht umfassender behandelt werden kann. Das *Qi-Mag Feng Shui & Geobiology Institute* bietet daher unter anderem Kurse für Architekten und Innenarchitekten zum Thema Gebäudedesign an. Weitere Informationen dazu finden Sie im Anhang.

Es gibt noch zahlreiche weitere Aspekte im Business Feng Shui, welche aber den Rahmen dieses Buches sprengen würden. Feng Shui ist eine alte Wissenschaft und Kunst, die respektable Ergebnisse erzielt und weltweit von über zwei Milliarden Menschen praktiziert wird. Seien Sie offen, um es zu versuchen, und stellen Sie für sich persönlich den Unterschied fest, wenn Sie Feng-Shui-Maßnahmen eingesetzt haben. Die Informationen dieses Buches können ein Einstieg sein, selbstverständlich ersetzen sie aber keinen ausgebildeten Feng-Shui-Berater.

Lassen Sie sich einerseits von Ihrer Intuition leiten, wenn Sie einen kompetenten und erfahrenen Berater engagieren, und erkundigen Sie sich andererseits nach dessen Wissensstand gemäß der zwölf Disziplinen des Feng Shui.

Die zwölf Disziplinen des Feng Shui

1. Kosmisches Qi, Sauerstoff und die Qualität der Luft
2. Die Prinzipien von Yin und Yang für Harmonie
3. Die universellen Energien der Fünf Elemente
4. Landschafts-Feng-Shui, das Studium der Formation der vier himmlischen Tiere
5. Die acht Trigramme der Lebensziele im Alltag
6. Die Trigramme des früheren Himmels (Arbeiten mit der geistigen Welt)
7. Das I Ging der acht Trigramme des späteren Himmels oder das Ost-West-System
8. Das Lo'Shu-System der Fliegenden Sterne (Astrologie und Kosmologie) – die Zeitfaktoren
9. Geobiologie und geomantische Untersuchungen von Erdstrahlungen, kosmischen Einflüssen und Umweltenergien
10. Auffinden und Vermeiden von Arbeitsbereichen mit schädlicher Strahlung und negativen Schwingungen (»black spots«)
11. Wasser- und Bergdrachen-Klassiker zum Thema Wasserfluß, Wasserqualität und Bergformationen für mehr Wohlstand, Fülle und Nachkommenschaft
12. Spirituelles Feng Shui – die fortgeschrittenste Stufe zur Nutzung von natürlichen Erdenergien und kosmischem Qi, um die menschliche Leistungsfähigkeit zu fördern

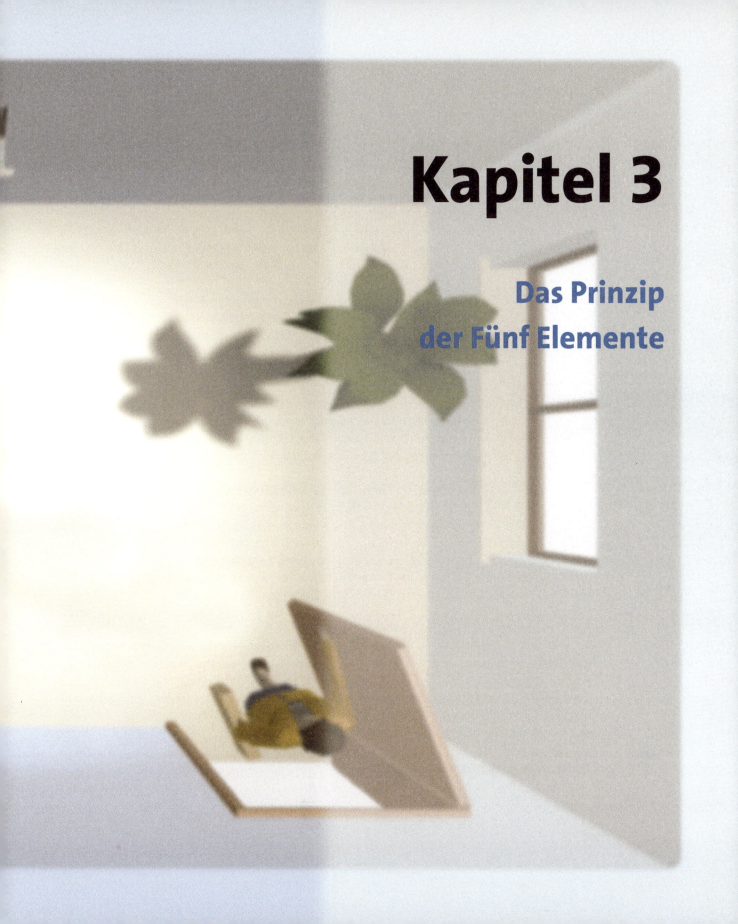

Kapitel 3

**Das Prinzip
der Fünf Elemente**

Kapitel 3 Die Fünf Elemente

Das Prinzip der Fünf Elemente

Bei ihren Beobachtungen entdeckten die alten taoistischen Meister und Weisen, daß alles, was auf der Erde natürlich entstanden oder von Menschenhand gemacht ist, einem bestimmten Element zugeordnet werden kann. Daraus ergaben sich die fünf Elementegruppen: Wasser, Holz, Feuer, Erde und Metall.

Diese Unterteilung nach den Elementen dürfte etwa 3000 Jahre alt sein. Auch andere alte Kulturen wie die der Indianer, Ägypter, Südamerikaner oder Kelten klassifizierten Gegenstände und Energien nach den vier Elementen, nämlich Wasser, Luft, Erde und Feuer. Diese vier Elemente ähneln in ihrer Anwendung den Fünf Elementen der Chinesen. Jedes Element findet auf unterschiedlichste Art und Weise seinen Ausdruck, beispielsweise durch Farbe, Form, Struktur, Klang, Energieart, Geschmack, Körperorgane, Körpertypen, Jahreszeiten, Uhrzeiten usw.

Wenn die Fünf Elemente aufeinandertreffen, können sie sich gegenseitig positiv beeinflussen, zerstören oder auslaugen. Daher ist es wichtig, sich zuerst mit den drei grundlegenden Elementezyklen vertraut zu machen.

Der Fütterungszyklus

Dieser Zyklus zeigt den positiven Fütterungs- oder Geburtszyklus, in dem ein Element das nachfolgende hervorbringt und nährt. Holz nährt Feuer, aus Feuer entsteht Erde, in der Erde findet man Metalle, Metall verflüssigt sich wie Wasser, Wasser nährt Holz.

Der Zerstörungszyklus

Im Zerstörungszyklus zerstört ein Element das andere. Holz bricht die Erde auf, Erde saugt das Wasser auf, Wasser löscht das Feuer, Feuer schmilzt Metall, Metall schneidet Holz.

Nur in Ausnahmefällen wird im Feng Shui ein Element eingesetzt, um ein anderes zu zerstören. Ansonsten sollten Elemente, die einander zerstören, nicht kombiniert werden. Wenn beispielsweise die Elemente Metall und Holz in Form der Farben Gold und Grün nebeneinander verwendet werden (Metall schneidet Holz), entstehen feine Turbulenzen, die am Arbeitsplatz vermieden werden sollten.

Der Mutter-und-Kind-Zyklus

Dieser Elementezyklus wird eingesetzt, wenn wir die schädliche Wirkung eines kontrollierenden Elements mindern oder neutralisieren wollen. Er wirkt nach dem Prinzip, daß das Kind die Energie seiner Mutter auslaugt.

Beispiel: Wenn eine Wand in einem kräftigen Blau (Wasserelement) gestrichen ist, wählen wir nach dem Mutter-und-Kind-Zyklus das Element aus, das eine mögliche negative Wirkung des starken Wasserelements reduzieren kann. In diesem Fall wählen wir für die anderen Wände oder Einrichtungsgegenstände Grüntöne (Holzelement).

DREI ELEMENTEZYKLEN **Kapitel 3**

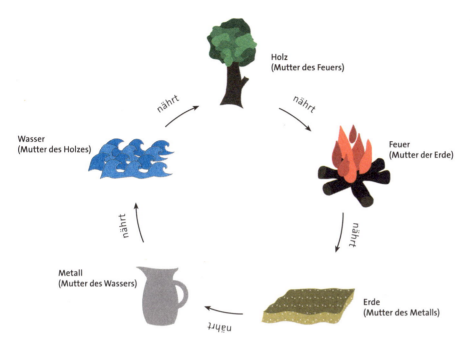

Abbildung 3.1: Der Fütterungszyklus.

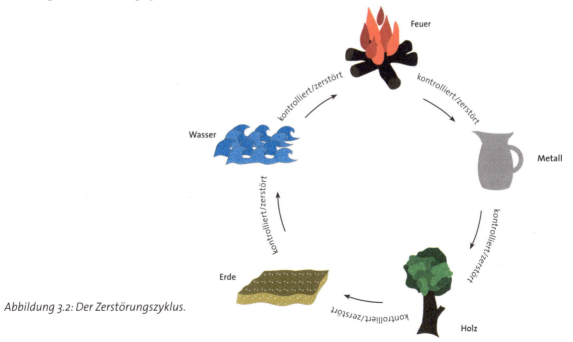

Abbildung 3.2: Der Zerstörungszyklus.

Kapitel 3 — Die Fünf Elemente

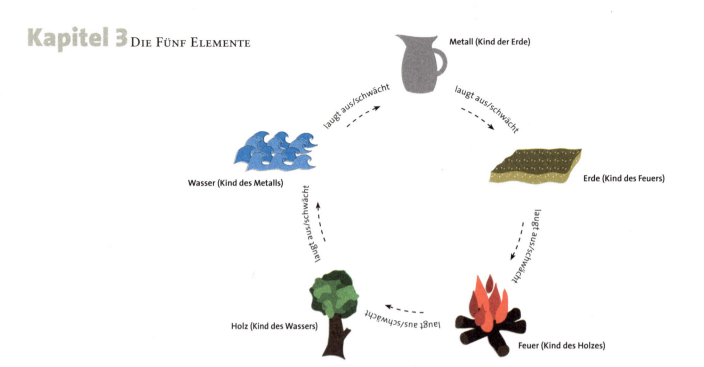

Abbildung 3.3: Der Mutter-und-Kind-Zyklus. Das Element des Kindes laugt das Element der Mutter aus. Holz saugt Wasser auf, Wasser läßt Metall rosten, Metall laugt die Erde aus, die Erde erschöpft das Feuer, Feuer läßt Holz verbrennen.

Die Energiebewegungen und Formen der Fünf Elemente

Das Wasserelement wird vom Metallelement genährt, vom Erdelement zerstört und vom Holzelement geschwächt.

Die Form oder Bewegung der Wasserenergie ist wellen- und stufenförmig und geht nach unten und zur Seite. Das Wasser hat eine kühlende und vermischende Qualität. Die Farbe des Wassers ist Blau.

In Branchen, in denen beispielsweise bei der Herstellung von Plastik oder Gußeisen hohe Temperaturen und Feuer eingesetzt werden, ist es wichtig, daß die Fabrikgebäude kein Wasser-Dach haben oder blau gestrichen sind. Die kühlende Wasserenergie würde den Betrieb schwächen und die Maschinen anfälliger werden lassen. Bei einigen Firmen in Neuseeland, Malaysia und Deutschland, die bankrott gegangen sind, habe ich dies als einen der Gründe dafür festgestellt.

Maßnahme: In diesem Fall müßte man mit dem Zerstörungselement des Wassers – Erde – arbeiten und die Decken und Wände in einem Gebäude mit Wasser-Dach beige oder hellbraun streichen.

ELEMENTEEIGENSCHAFTEN **Kapitel 3**

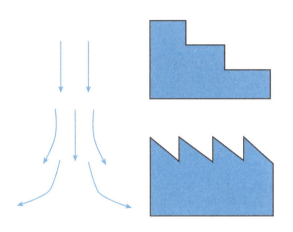

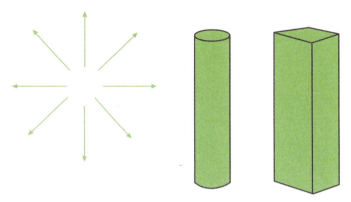

Abbildung 3.5a (links): Die sich in alle Richtungen ausdehnende Holzenergie.

Abbildung 3.5b (rechts): Gebäude in der Form des Holzelementes.

Abbildung 3.4a (links): Die Wasserbewegung ist nach unten bzw. unten und seitlich gerichtet (Kondensation).

Abbildung 3.4b rechts): Gebäude in der Form des Wasserelements.

Das Holzelement wird vom Wasserelement genährt, vom Metallelement zerstört und vom Feuerelement geschwächt.

Die Holzenergie expandiert in alle Richtungen wie ein Baum im Frühling. Die Holzform ist lang, groß und schlank. Die Farbe, die dem Holz zugeordnet wird, ist Grün.

Anmerkung: Da die Holzenergie von der Feuerenergie ausgelaugt wird, muß beim Bau eines Gebäudes in der Holzelementform unbedingt darauf geachtet werden, daß sich in der Umgebung nicht zu viele Gebäude mit Feuer-Dächern befinden. Denn ein Holzelementgebäude wird auf diese Art geschwächt, was letztendlich den Bewohnern schadet.

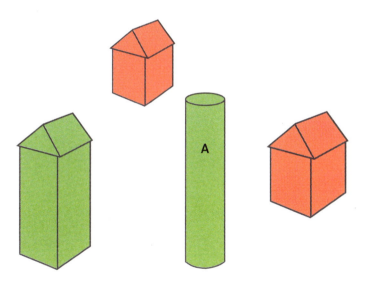

Abbildung 3.6: Das Holzelementgebäude A wird von den drei umliegenden Gebäuden mit Feuer-Dächern dominiert. Ideal wäre an diesem Standort ein Gebäude, das zum Erdelement gehört, denn das Element Feuer nährt die Erde.

Kapitel 3 — Die Fünf Elemente

Das Feuerelement wird vom Holzelement genährt, vom Wasserelement zerstört und vom Erdelement geschwächt.

Die Feuerenergie hat eine aufsteigende Bewegung. Feuerformen sind spitz und »aggressiv«. Die Farben des Feuers sind Rot, Rosa, Rotbraun, Purpur und Violett.

Das steile Feuer-Dach (Satteldach) erzeugt einen Energiesog nach oben, der die verbrauchte warme Luft und das Qi schneller in Richtung Dach abziehen läßt. Gerade bei heißem Wetter bleiben dadurch das Erdgeschoß und die unteren Stockwerke kühler. Für Länder mit kaltem Klima ist ein Gebäude mit steilem Feuerdach wegen seiner kühlenden Wirkung eigentlich ungeeignet. Wenn zum Beispiel in Gegenden, in denen es starke Schneefälle gibt, ein Satteldach vorgeschrieben ist, sollte der Dachneigungswinkel wenigstens möglichst flach gewählt werden.

Das Erdelement wird vom Feuerelement genährt, vom Holzelement zerstört und vom Metallelement geschwächt.

Die Erdenergie bewegt sich horizontal hin und her. Dadurch entstehen Zwischenräume, in die Wurzeln eindringen oder in denen größere Mengen Wasser gespeichert werden können. Die Erdform ist flach, die Farben der Erde sind Braun, Gelb, Orange und Beige.

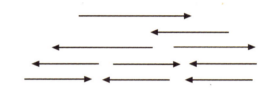

Abbildung 3.8a: Bewegung von Erdenergien.

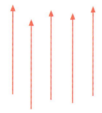

Abbildung 3.7a: Die aufsteigende Feuerenergie.

Abbildung 3.8b: Gebäude mit Erdelementform.

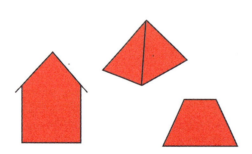

Abbildung 3.7b: Gebäudeformen des Feuerelements.

Elementeeigenschaften Kapitel 3

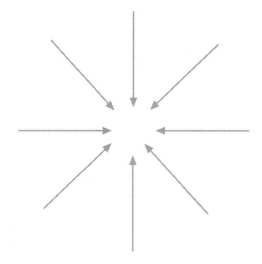

Das Metallelement wird vom Erdelement genährt, vom Feuerelement zerstört und vom Wasserelement geschwächt.

Die Bewegung der Metallenergie ist genau entgegengesetzt zur Holzenergie – sie zieht sich aus allen Richtungen zu einem Mittelpunkt hin zusammen. Die Form des Metallelements ist ein Bogen oder eine Kuppel. Die Farben des Metalls sind Gold und Silber. Weiß sieht fast aus wie Silber und wird manchmal auch als Metallelementfarbe verwendet. Eigentlich ist Weiß aber eine neutrale Farbe, denn sie enthält alle sieben Spektralfarben des Regenbogens.

Abbildung 3.9a: Bewegung von Metallenergien.

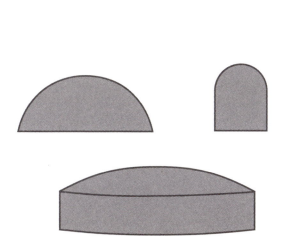

Abbildung 3.9b: Gebäude mit Metallform.

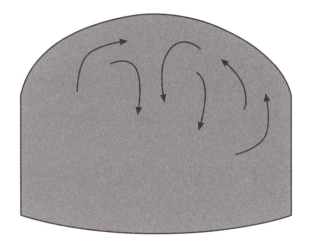

Abbildung 3.9c: Das Kuppeldach repräsentiert das Metallelement. Es lenkt die Energie nach unten und kann Wärme und Energie gut halten.

Kapitel 3 — Die Fünf Elemente

Die Fünf Elemente beim Menschen

Jedem Menschen können mehrere Elemente zugeordnet werden, zum Beispiel nach seinem Charakter, seiner Körperkonstitution, seinem Geburtsjahr oder persönlichen Trigramm.

Im Feng Shui werden zwei Elemente besonders berücksichtigt: das Geburtsjahreselement, das vor allem bei Feng-Shui-Maßnahmen in Innenräumen wichtig ist, sowie das persönliche Lebenstrigrammelement, das bei der Bereichsbewertung des Ost-West-Systems und bei der Gestaltung eines persönlichen Firmenlogos in Betracht gezogen wird. In der folgenden Tabelle finden Sie Ihr Geburtsjahreselement.

Ein Beispiel: Eine Person, die zwischen dem 19. Februar 1901 und dem 7. Februar 1902 geboren wurde, ist Metall-Ochse. Die Kombination von Element und Tierkreiszeichen verleiht einem Menschen gewisse typische Charakterzüge.

Geburtsjahr	Element	Tier
19.02.1901	Metall	Ochse
08.02.1902	Wasser	Tiger
29.01.1903	Wasser	Hase
16.02.1904	Holz	Drache
04.02.1905	Holz	Schlange
25.01.1906	Feuer	Pferd
13.02.1907	Feuer	Schaf
02.02.1908	Erde	Affe
22.01.1909	Erde	Hahn
10.02.1910	Metall	Hund
30.01.1911	Metall	Schwein
18.02.1912	Wasser	Ratte
06.02.1913	Wasser	Ochse
26.01.1914	Holz	Tiger
14.02.1915	Holz	Hase
03.01.1916	Feuer	Drache
23.01.1917	Feuer	Schlange
11.02.1918	Erde	Pferd
01.02.1919	Erde	Schaf
20.02.1920	Metall	Affe
08.02.1921	Metall	Hahn
28.01.1922	Wasser	Hund
16.02.1923	Wasser	Schwein
05.02.1924	Holz	Ratte
25.01.1925	Holz	Ochse
13.02.1926	Feuer	Tiger
02.02.1927	Feuer	Hase
23.01.1928	Erde	Drache
10.02.1929	Erde	Schlange
30.01.1930	Metall	Pferd
17.02.1931	Metall	Schaf
06.02.1932	Wasser	Affe
26.01.1933	Wasser	Hahn
14.02.1934	Wasser	Hund
04.02.1935	Holz	Schwein
24.01.1936	Feuer	Ratte
11.02.1937	Feuer	Ochse
31.01.1938	Erde	Tiger
19.02.1939	Erde	Hase
08.02.1940	Metall	Drache

Tabelle 2: Geburtsjahreselement und Tierkreiszeichen nach dem chinesischen Kalender.

Das Geburtsjahreselement — Kapitel 3

Geburtsjahr	Element	Tier
27.01.1941	Metall	Schlange
15.02.1942	Wasser	Pferd
05.02.1943	Wasser	Schaf
25.01.1944	Holz	Affe
13.02.1945	Holz	Hahn
02.02.1946	Feuer	Hund
22.01.1947	Feuer	Schwein
10.02.1948	Erde	Ratte
29.01.1949	Erde	Ochse
17.02.1950	Metall	Tiger
06.02.1951	Metall	Hase
27.01.1952	Wasser	Drache
14.02.1953	Wasser	Schlange
03.02.1954	Holz	Pferd
24.01.1955	Holz	Schaf
12.02.1956	Feuer	Affe
31.01.1957	Feuer	Hahn
18.02.1958	Erde	Hund
08.02.1959	Erde	Schwein
28.01.1960	Metall	Ratte
15.02.1961	Metall	Ochse
05.02.1962	Wasser	Tiger
25.01.1963	Wasser	Hase
13.02.1964	Holz	Drache
02.02.1965	Holz	Schlange
21.01.1966	Feuer	Pferd
09.02.1967	Feuer	Schaf
30.01.1968	Erde	Affe
17.02.1969	Erde	Hahn
06.02.1970	Metall	Hund
27.01.1971	Metall	Schwein
15.02.1972	Wasser	Ratte
03.02.1973	Wasser	Ochse
23.01.1974	Holz	Tiger
11.02.1975	Holz	Hase
31.01.1976	Feuer	Drache
18.02.1977	Feuer	Schlange
07.02.1978	Erde	Pferd
28.01.1979	Erde	Schaf
16.02.1980	Metall	Affe

Geburtsjahr	Element	Tier
05.02.1981	Metall	Hahn
25.01.1982	Wasser	Hund
13.02.1983	Wasser	Schwein
02.02.1984	Holz	Ratte
20.02.1985	Holz	Ochse
09.02.1986	Feuer	Tiger
29.01.1987	Feuer	Hase
17.02.1988	Erde	Drache
06.02.1989	Erde	Schlange
27.01.1990	Metall	Pferd
15.02.1991	Metall	Schaf
04.02.1992	Wasser	Affe
23.01.1993	Wasser	Hahn
10.02.1994	Holz	Hund
31.01.1995	Holz	Schwein
19.02.1996	Feuer	Ratte
07.02.1997	Feuer	Ochse
28.01.1998	Erde	Tiger
16.02.1999	Erde	Hase
05.02.2000	Metall	Drache
24.01.2001	Metall	Schlange
12.02.2002	Wasser	Pferd
01.02.2003	Wasser	Schaf
22.01.2004	Holz	Affe
09.02.2005	Holz	Hahn
29.01.2006	Feuer	Hund
18.02.2007	Feuer	Schwein
02.02.2008	Erde	Ratte
26.01.2009	Erde	Ochse
14.01.2010	Metall	Tiger
03.02.2011	Metall	Hase
23.01.2012	Wasser	Drache
10.02.2013	Wasser	Schlange
31.01.2014	Holz	Pferd
19.02.2015	Holz	Schaf
08.02.2016	Feuer	Affe
28.01.2017	Feuer	Hahn
16.02.2018	Erde	Hund
05.02.2019	Erde	Schwein
25.01.2020	Metall	Ratte

Kapitel 3 Die Fünf Elemente

Die Anwendung der Fünf Elemente

Büro- und Geschäftsräume sollten im 21. Jahrhundert in hellen Farben eingerichtet sein, die das Auge erfreuen und entspannen. Sie sorgen für weniger Müdigkeit und eine ausgeglichene Stimmung auch während der dunklen Wintermonate.

Bevor Sie sich für eine neue Einrichtung und Farbgebung im Büro entscheiden, sollten Sie sich an einen Innenarchitekten oder Feng-Shui-Berater wenden, der mit dem Prinzip der Fünf Elemente vertraut ist. Werden die Elemente harmonisch auf die einzelnen Personen abgestimmt, die das Büro benutzen, können das Wohlbefinden und die Leistungsfähigkeit gestärkt sowie Gesundheitsprobleme vermieden werden.

Wenn für eine einzelne Person ein Arbeitsplatz eingerichtet wird, muß vor allem auf die Auswahl der Farben, Formen und Einrichtungsgegenstände geachtet werden. Grundsätzlich gilt: Jeder Mensch »verträgt« naturbelassenes Holz, zum Beispiel in Form von Möbeln oder einer Wandvertäfelung sowie harmonisch geformte Muster in Pastellfarben und die Farbe Weiß.

Eine einzelne Person sollte von Farben und Gegenständen umgeben sein, die nach den Fünf Elementen neutral sind oder unterstützend wirken (siehe auch Fütterungszyklus). Kombinationen aus den Elementen des Zerstörungszyklus sollten vermieden werden.

Es ist aber möglich, daß ein Mensch gerade eine Vorliebe für sein Konfliktelement hat. Das kann auf ein Ungleichgewicht in der Körperkonstitution oder einen kurzzeitigen Bedarf dieses Elements in einer bestimmten Situation hinweisen. So kann einer Person, die zum Wasserelement gehört, die Farbe Braun sehr gut gefallen. Möglicherweise benötigt sie diese Farbe zur verstärkten Erdung und Balance.

An dieser Stelle ist es sehr wichtig, zwischen temporären Farbbedürfnissen und einer langfristigen Farbgestaltung des Raumes zu unterscheiden. Der Raum sollte auf jeden Fall passend zum Geburtsjahreselement eingerichtet werden, denn Konfliktelemente können schon nach einigen Wochen schwächend wirken. Kurzfristigen Elementebedürfnissen kann durch die Kleidung oder durch Einrichtungsgegenstände wie Bilder, Kissenbezüge oder Vasen in den entsprechenden Farben nachgekommen werden.

Konflikte mit bestimmten Elementen Die Konflikte, die zwischen einem Menschen und verschiedenen Gegenständen und Farben auftreten können, welche nicht zu seinem Geburtsjahreselement passen, kommen nur in geschlossenen Räumen wie im Büro vor. Im Freien gibt es keinen Elementekonflikt oder Zerstörungszyklus. Der Grund ist, daß wir im Freien Teil der Umgebung sind und daher nicht von anderen Naturenergien beeinträchtigt werden können. Deshalb haben die dominierenden Energien der kontrollierenden Elemente nur einen minimalen Effekt.

Beispiel: Eine Person, die zum Holzelement gehört, sollte folgende Farben verwenden: Wasser – Blau (nährend), Holz – Grün (neutral) und Weiß (neutral) oder etwas Erde – Beige (dieses Element wird vom Holzelement

kontrolliert). Ein Springbrunnen (Wasser) oder eine Pflanze (Holz) wirken ebenfalls unterstützend. Andererseits sollten die Farben Gold und Silber (Metallelement) sowie Gegenstände aus Metall innerhalb eines Abstandes von 2 m zum Körper vermieden werden (siehe Abb. 3.10).
Anmerkung: Streichen Sie nie ganze Wände purpur oder violett (Feuerelement). Diese beiden Farben regen die Kopfenergie und die Zirbeldrüse zu stark an, was zu Gesundheitsproblemen führen kann.

Ein zarter Blauton hat eine antiseptische und desinfizierende Wirkung und ist besonders für Krankenhäuser und Kliniken zu empfehlen. Dadurch lassen sich Reinigungsmittel und scharfe Desinfektionsmittel einsparen.

Die Krankenstationen sollten in freundlichen, anregenden Farben eingerichtet und mit gesunden Pflanzen ausgestattet sein, um die Selbstheilung und Genesung anzuregen. Grautöne und düstere, nüchterne Farben sind auf jeden Fall zu meiden.

Die Farbe der Kleidung Die Kleidung kann schnell gewechselt und deshalb den aktuellen Bedürfnissen des Menschen angepaßt werden. Deshalb sollten wir uns nicht verwirren lassen, wenn eine Erdelement-Person einige Zeit lang gern Grün trägt, eine Farbe, die eigentlich ihr Geburtsjahreselement zerstört. Diese Farbwahl kann für eine Zeit des persönlichen Wachstums und Fortschritts stehen.

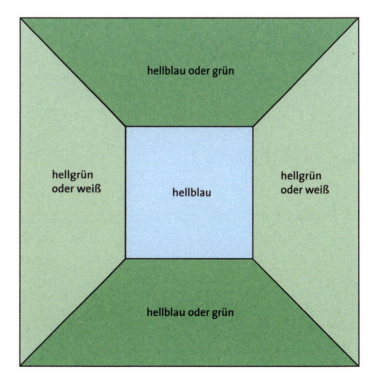

Abbildung 3.10: Verwendung von Farben für eine Person des Holzelements.

Kapitel 3 Die Fünf Elemente

> **Fallbeispiel**
>
> Das Büro einer kleinen und sehr erfolgreichen Firma in München wurde vergrößert und renoviert. Dem Innenarchitekten waren die Elementeprinzipien im Feng Shui nicht bekannt. So schlug er vor, die Wände des Chefbüros in Beige (Erde) und einem Roséton (Feuer) zu streichen. Der Teppich wurde dunkelblau (Wasser). Der Chef, der in einem Feuer-Jahr geboren war, litt nach der Renovierung unter chronischer Müdigkeit und war gezwungen, zu Hause zu arbeiten. Das Problem war der dunkelblaue Teppich, dessen Wasserelement das Feuer des Mannes »löschte« und ihn stark schwächte. Die Abhilfe bestand darin, daß man einen großen grünen Teppich (Holz) unter den Sitzplatz des Chefs legte, um ihn (Feuer) zu stärken. Gleichzeitig wurde dieser grüne Teppich vom blauen Teppichboden (Wasser) darunter gestärkt. Zusätzlich hielt der Chef einen größeren Abstand zur beigen Wand (Erde), da diese sein Feuerelement auslaugte. Dadurch war er nicht mehr müde und hatte mehr Energie zum Arbeiten als je zuvor.

Die Farbe Rot hat andererseits eine stark aktivierende Wirkung und verleiht zusätzliche Energie. Die Farben Purpur oder Violett, die ebenfalls zum Feuerelement gehören, sollten allerdings nicht über längere Zeit getragen werden, da sie den Kopfbereich zu stark aktivieren, was wiederum auf Kosten der Erdung geht.

Wenn jemand in seiner Garderobe Beige- und Brauntöne bevorzugt, hat er den Wunsch, sich zu erden. Diese Möglichkeit ist sicherlich übermäßigem Essen, was ebenfalls erdend wirkt, vorzuziehen. Gelb gehört auch zum Erdelement und fördert Ihre mentalen Aktivitäten.

Das Metallelement wird durch gold- oder silberfarbene Kleidungs- oder Schmuckstücke zum Ausdruck gebracht und stärkt die Willenskraft. Die Kleidungsfarbe Blau steht für das Wasserelement, für Wohlstand, aber auch für Bewegung und Reisen.

Wählen Sie intuitiv die Farben Ihrer Kleidung aus, denn es ist möglich, daß die sieben Energiezentren (Chakren) oder das Konstitutionselement Ihres Körpers über eine bestimmte Zeit hinweg mit einer oder mehreren bestimmten Farben gestärkt werden müssen.

Deshalb sollten Sie sich auch nie ausschließlich nach den Modefarben richten, die ein schönes Model oder ein berühmter Designer empfehlen. Von Grau oder Schwarz ist gerade tagsüber abzuraten, denn im Gegensatz zu Weiß fehlen bei Schwarz alle sieben Regenbogenfarben, die eine belebende Wirkung auf den Körper haben. Schwarz macht depressiv, unterdrückt die Körperenergie und weist auf seelischen Kummer hin.

FARBEN **Kapitel 3**

Ihr Geburtsjahres-element	Farben, die Ihr Element unterstützen	Beispiele für Einrichtungsgegenstände
Holz	blau, grün, weiß	Springbrunnen, Wasserfallbilder, Pflanzen
Feuer	grün, rot, rosa, rotbraun, weiß	Pflanzen, Gegenstände in Rottönen
Erde	rot, rosa, rotbraun, braun, beige, gelb, orange, weiß	Steine, erdfarbene Keramik, rote Gegenstände
Metall	braun, beige, gelb, orange, gold, silber, weiß	erdfarbene Keramik, Steine, Metallobjekte
Wasser	gold, silber, blau, weiß	Springbrunnen, Wasserfallbilder, Metallobjekte

Tabelle 3: Diese Elemente unterstützen Sie am Arbeitsplatz oder sind neutral.

Ihr Geburtsjahres-element	Farben, die zu vermeiden sind	Beispiele für zu vermeidende Einrichtungsgegenstände
Holz	gold, silber	Metallobjekte
Feuer	blau	Springbrunnen und Wasserfallbilder
Erde	grün	Pflanzen
Metall	rot, purpur, violett, rosa, rotbraun	Gegenstände in Rottönen
Wasser	braun, beige, gelb, orange	erdfarbene Keramik, Steine

Tabelle 4: Diese Elemente sollten Sie am Arbeitsplatz in nächster Nähe vermeiden.

Kapitel 4

Firmenname und Logo

Kapitel 4 — Firmenname und Logo

Firmenname und Logo

Name und Logo einer Firma sind wichtige Faktoren, die entscheidend zum Erfolg oder Mißerfolg eines Unternehmens beitragen. Einige wichtige Feng-Shui-Regeln sollten Sie daher bei der Wahl des Namens sowie bei der Gestaltung eines Firmenlogos beachten.

Die Schwingung des Firmennamens

Bei meiner Arbeit mit zahlreichen »kränkelnden« Firmen habe ich festgestellt, daß ein guter Name wesentlich zum Erfolg und zur Überlebensfähigkeit eines Betriebes beitragen kann. Warum? Der Firmenname repräsentiert als Symbol mit seiner Schwingung die gesamte Firma. So wie Ihr Gesicht und Ihr Verhalten für Ihre Person und Ihr Markenzeichen stehen, gehen von einem guten Namen positive Schwingungen und ein Klang aus, der wie eine gelungene Musikkomposition wirkt.

Wir alle werden von Symbolen und Klängen beeinflußt. Es ist der Klang eines kraftvollen Firmennamens, der Menschen anzieht und mit Erfolg in Verbindung gebracht wird. Wer möchte andererseits schon gern mit Schwächen und Versagen assoziiert werden?

Berühmte Namen Ein kraftvoller Name sollte vom Klang her von Anfang bis Ende immer weiter ansteigen oder am Anfang oder Ende eine starke Schwingung besitzen. Hervorragende Beispiele sind die Firmennamen *Toyota* und *McDonalds*, sie stehen für zwei Firmen, die in ihrer Branche erfolgreich sind und von Anfang bis Ende einen starken, harmonischen Klang besitzen. Die Namensschwingung und der Rhythmus sollten langsam nach oben ansteigen, vergleichbar mit der Umsatzkurve einer Firma, die sich auf der Erfolgsleiter immer weiter nach oben bewegt.

Ein Name, dessen Klang jedoch stetig nach oben ansteigt, ist unpassend, da die Firma wie eine Person wirkt, die ununterbrochen Fortschritte machen kann, ohne eine Pause einzulegen. Das ist unrealistisch. Ein Name, der sich steil nach oben bewegt, hat eine kurze Lebensspanne.

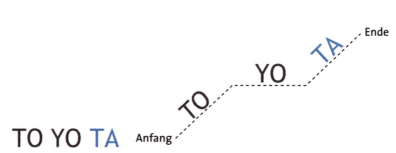

Abbildung 4.1: Schwingungsbild des Namens Toyota.

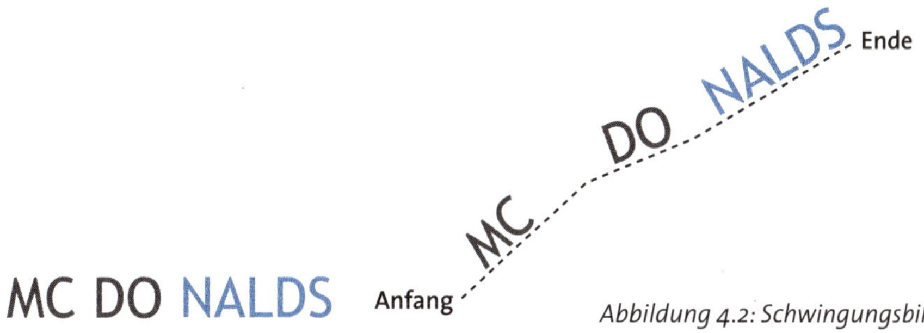

DER KLANG DES NAMENS **Kapitel 4**

MC DO NALDS

Abbildung 4.2: Schwingungsbild des Namen McDonalds.

Wenn der Klang lange auf einer Tonhöhe verweilt, weist das darauf hin, daß die Firma eine Zeitlang stagnieren wird, was sich natürlich negativ auf ihren Erfolg auswirkt. Außerdem ist der Ton zu lang, was ebenfalls gegen einen solchen Firmennamen spricht.

Untersuchen wir nun den Firmennamen *Jasalah*. Die dazugehörige indonesische Firma ist bankrott gegangen.

Lah klingt wie eine Person, der es an Vitalität und Ausdauer fehlt. Der Firmenname repräsentiert immer die Energie des gesamten Betriebes. Wenn schon der Name keine Vitalität und Ausdauer andeutet, wird diese Firma ihre Position nicht lange halten können. Die Kunden werden intuitiv nicht mit einer schwachen Firma zusammenarbeiten wollen. *Lah* am Ende erinnert an eine Person, die an einem Wettrennen teilnimmt, der es aber an dem nötigen Durchhaltevermögen fehlt, um das Rennen zu gewinnen. Auf indonesisch hat *Salah* zudem eine negative Bedeutung, es heißt »falsch«.

Abbildung 4.3: Das Schwingungsbild des Namens Jasalah.

Kapitel 4 Firmenname und Logo

Die Harmonie des Firmennamens Nicht nur der kraftvolle Klang des Firmennamens ist von Bedeutung – der Name muß auch in Harmonie mit dem Betrieb bzw. der Hauptbranche der Firma sein, wenn sie in verschiedenen Bereichen tätig ist.

Nach meiner Auswertung ist der Name *Toyota* beispielsweise zu 95 Prozent mit der Fahrzeugbranche in Harmonie. Der Name *McDonalds* ist zu 91 Prozent mit dem Verkauf von Hamburgern aus Rindfleisch in Harmonie, nicht aber mit dem Verkauf von Hühnerfleisch oder Fisch. Der Name *Pizza Hut* ist nur zu 70 Prozent mit dem Verkauf von Pizza in Harmonie. Diese geringere Harmonie wirkt sich sicherlich entsprechend auf den Erfolg von *Pizza Hut* aus.

Das Firmenlogo

Das Logo steht für das innerste Bild, sozusagen für die Essenz einer Firma. Dieses Markenzeichen ist die Basis, die zum Katalysator wird. Es bestimmt, wie der Firmengründer, die Angestellten und die Öffentlichkeit die Firma wahrnehmen – und ob und in welchem Maße sie sie anerkennen.

Ein Firmenlogo sollte sehr auffällig sein und eine starke Symbolkraft besitzen. Wir können sehen, daß von einigen Firmenlogos eine starke magnetische und kraftvolle Energie ausgeht, während andere Logos nüchtern, schwach und leblos wirken.

Das Mercedes-Symbol mit dem dreifach unterteilten Kreis ist beispielsweise ein kraftvolles Symbol, das die Aufmerksamkeit auf sich zieht. Das frühere IBM-Symbol besaß diese Anziehung ebenfalls. Ein weiteres positives Beispiel sind die verschränkten Ringe, welche für die Olympiade und damit für die Einheit von fünf Kontinenten stehen. An der Popularität der Olympischen Spiele konnten selbst die zweifelhaften Aktivitäten ihrer obersten Organisation nichts ändern.

Das Design von Logos ist ein lukratives Geschäft, und wer die tiefere Kraft und Bedeutung von Symbolen versteht, kann auf diesem Gebiet sehr erfolgreich arbeiten. 70 Prozent der Firmenlogos, insbesondere von westlichen Firmen, verstoßen gegen die Designregeln des Feng Shui.

Sie können mit den Techniken der angewandten Kinesiologie (Muskeltest) bestimmen, ob der Firmenname sowie das Logo mit Ihnen in Harmonie ist. Ziehen Sie dazu am besten einen Kinesiologen oder jemanden, der mit dieser Art von Bestimmungstechniken vertraut ist, zu Rate.

Die Logogestaltung **Kapitel 4**

Allgemeine Richtlinien für ein gutes Logodesign

Wenn Sie diese Grundregeln beachten, können Sie bereits einige Fehler vermeiden:

1. Logos oder Markenzeichen sollten eine Branche, einen Beruf, Waren/Werkzeuge, die Firmenvision oder die Zielgruppe darstellen.

2. Logos oder Markenzeichen können auch die Initialen einer Firma, Gruppe oder eines Individuums zeigen.

3. Ein spezielles Symbol oder ein Ort können als Logo/Markenzeichen verwendet werden. Beispiel: Der Kiwivogel repräsentiert Produkte aus Neuseeland.

4. Logos sollten auffallen, aber trotzdem einfach, schlicht und leicht wiederzuerkennen sein.

5. Das Design und die Farbgebung des Logos sollten den Prinzipien der Fünf Elemente entsprechen (siehe auch Kapitel 3). Die Farben der Fünf Elemente sollten mit dem persönlichen Lebenstrigramm des Besitzers harmonieren.

6. Bei einem Familienbetrieb sollte die Form des Logos, welche ja einem bestimmten Element zugeordnet wird, mit dem persönlichen Lebenstrigrammelement des Besitzers in Harmonie sein.

7. Verwenden Sie niemals Ihr Familienwappen als Logo, da es nicht nur Ihr Unternehmen, sondern auch Ihre gesamte Familie repräsentiert und Sie dadurch angreifbarer werden.

8. Einheitliche und gleichmäßige Formen wirken harmonisch.

9. Die Formen sollten nicht bedrohlich wirken, sondern neutral oder anziehend.

10. Runde oder gebogene Formen sind vorzuziehen. Spitze oder eckige Formen sollten möglichst vermieden werden.

11. Alle spitzen Pfeile oder Dreiecksformen sind negativ, es sei denn, sie stehen in einem Kreis oder Quadrat und berühren mit den Spitzen den Rand.

12. Horizontal ausgerichtete spitze Pfeile sind weniger negativ als Pfeile, die nach unten zeigen.

13. Der Kreis repräsentiert die Erde und das Universum. Die Linie eines Kreises oder Halbkreises darf daher nie von einem Symbol durchbrochen werden.

14. Linien oder Farbflächen sollten keinen nach außen hin immer blasser werdenden Farbverlauf haben, denn auch die entsprechende Firma würde mit diesem Logo »verblassen«.

15. Durchgehende Linien sind gestrichelten oder verblassenden Linien vorzuziehen.

Kapitel 4 Firmenname und Logo

Grundformen von Logos und Prinzipien der Fünf Elemente

Abbildung 4.4: Formen des Erdelements.

Abbildung 4.5: Formen des Metallelements.

Abbildung 4.6: Formen des Wasserelements.

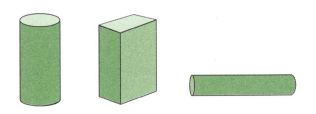

Abbildung 4.7: Formen des Holzelements.

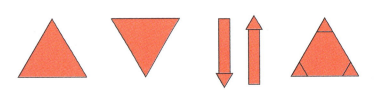

Abbildung 4.8: Formen des Feuerelements.

ELEMENTEZYKLEN Kapitel 4

Rufen wir uns nochmals den Fütterungszyklus in Erinnerung, in dem sich die Elemente gegenseitig stärken, wie in der folgenden Abbildung 4.9 dargestellt:

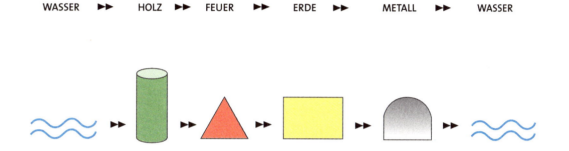

Abbildung 4.9: Die Elemente des Fütterungszyklus in Harmonie (der Doppelpfeil bezeichnet mögliche Kombinationen).

Auch den Zerstörungszyklus, in dem die Elemente sich gegenseitig schwächen, wollen wir im folgenden noch einmal in der Übersicht betrachten:

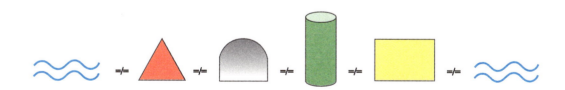

Abbildung 4.10: Diese Elemente stehen miteinander in Konflikt und schwächen oder zerstören sich gegenseitig.

Kapitel 4 Firmenname und Logo

Beispiele für Firmenlogos Hier wurden die Symbole der Fünf Elemente miteinander kombiniert: Erde (E) – Kreis, Metall (M) – Halbkreis, Wasser (W) – Wellenform, Holz (H) – lange schmale rechteckige Form, Feuer (F) – Dreiecksform, spitze Form. ✓ – positiv, ✗ – negativ. Die Logofarbe wird zusätzlich auf das Unternehmen abgestimmt.

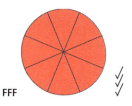

Abbildung 4.11d: Feuerdreiecke, die harmonisch im Kreis stehen.

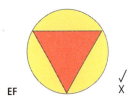

Abbildung 4.11e: Sehr unharmonisch durch den Konflikt zwischen Feuer und Wasser.

Abbildung 4.11a: Auch wenn die Elemente in Harmonie sind, ist ein nach unten gerichtetes Dreieck ungünstig für das Geschäft.

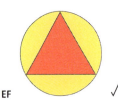

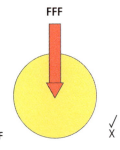

Abbildung 4.11b: Die Ausrichtung des Dreiecks nach oben ist günstig.

Abbildung 4.11f: Auch wenn die Elemente miteinander in Harmonie sind, ist ein nach unten gerichteter Pfeil ungünstig. Vor allem ist der Kreis durchbrochen.

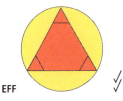

Abbildung 4.11c: Erde mit viel Feuer, das Dreieck ist in weitere kleine Dreiecke unterteilt.

Abbildung 4.11g: Negativ – der Kreis ist in zwei Teile gespalten.

LOGOBEISPIELE **Kapitel 4**

Abbildung 4.11h: Der Kreis ist in zwei Hälften gespalten, besitzt aber unten eine Verbindungslinie, die Einheit anzeigt.

*Abbildung 4.11i: Die gestrichelte Linie zeigt Schwäche und mangelndes Selbstvertrauen.
Sie ist daher für ein Logo ungünstig.*

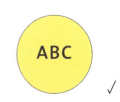

Abbildung 4.11j: Eine durchgezogene Kreislinie ist günstig. Im Kreis können beispielsweise die Initialen der Firma stehen.

Abbildung 4.11k: Im großen Halbkreis, der für Metall steht, befindet sich ein schmales Holzelement – Konflikt.

Abbildung 4.11l: Dieses Logo ist in vier Teile unterteilt und zeigt eine Auflösung an. Ungünstig.

Abbildung 4.11m: Ungünstig wegen des Konflikts zwischen Metall und Feuer.

Abbildung 4.11n: Dieses Logo löst sich vollständig auf. Für eine Firma äußerst ungünstig.

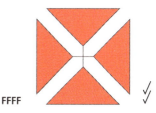

Abbildung 4.11o: Dieses Logo ist in vier Teile unterteilt, es stellt vier Partner dar. Die einzelnen Teile sind jedoch in der Mitte miteinander verbunden. Ein gutes Logo, das eine ideale Integration und Harmonie für Personal und Partner darstellt. Würde die Kreuzverbindung in der Mitte fehlen, hätte das Logo jedoch eine negative Wirkung vergleichbar mit Abbildung 4.11l.

59

Kapitel 5

Landesgrenzen und menschliches Verhalten

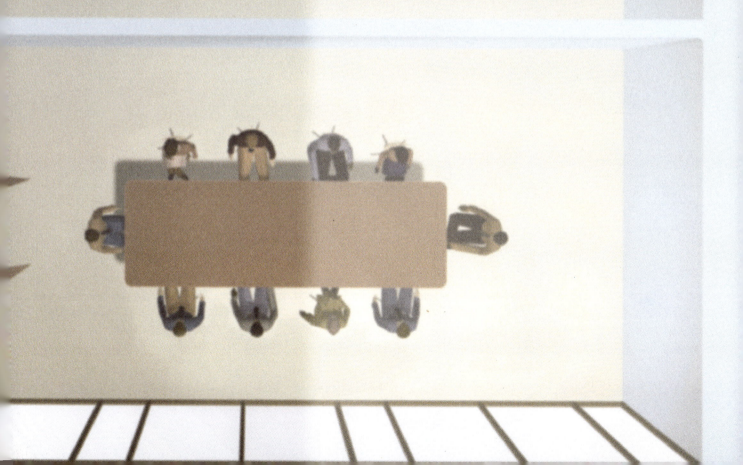

Kapitel 5 Grenzverlauf und Umrissform

Landesgrenzen und menschliches Verhalten

Die Form des Umrisses, der sich aus dem Grenzverlauf eines Landes, einer Stadt oder eines Dorfes ergibt, wirkt sich auf den allgemeinen Charakter und das Verhalten der dort lebenden Menschen aus. Das gleiche Prinzip gilt für die Form eines bebauten Grundstücks – sie beeinflußt auf subtile Art und Weise das Leben, den Wohlstand und die Nachkommenschaft der Bewohner. Es ist jedoch relativ einfach, Einfluß auf die Grundstücksform zu nehmen, wenn die Parzellierung sorgfältig durchgeführt wird (siehe auch Abbildung 5.2).

Die Umrißform eines Dorfes, einer Klein- oder Großstadt oder gar eines Landes ist andererseits schwieriger zu beeinflussen. Möglicherweise müssen langwierige Verhandlungen vor Ort oder auf internationaler Ebene geführt und eine neue Gesetzesregelung verabschiedet werden, bevor ein neuer Bereich bebaut werden oder die Besiedlung in einem neuen Teil des Landes beginnen kann.

Eine Stadt oder ein Land, in dem sich Gewerbegebiete und Fabriken befinden, sollte unbedingt eine lebendige und dynamische Umrißform haben. Diese gilt als lebendig und dynamisch, wenn sie einem lebenden

Abbildung 5.1: Der Umriß einer Stadt in Norddeutschland.

Tier oder einem anderen Lebewesen ähnelt. Umrisse von inaktiven Lebewesen oder leblosen Gegenständen zeigen ein weniger erfolgreiches Wachstum – die Entwicklung ist entsprechend langsamer.

Auf der linken Seite sehen Sie den Umriß einer norddeutschen Stadt. Sie sieht aus wie ein Vogel oder ein anderes Lebewesen, dem Flügel, Arme oder der Kopf fehlen. Entsprechend gering sind Wachstum und Wohlstand dieser Stadt. Ohne die passenden Feng-Shui-Maßnahmen wird sich daran auch kaum etwas ändern. Mit den entsprechenden Veränderungen könnte diese Stadt jedoch wieder aktiv und vital werden.

Viele Groß- und Kleinstädte auf der ganzen Welt erwachen entweder zum Leben oder werden im Gegenteil »zerschnitten«, wenn beispielsweise eine Veränderung der Stadtgrenzen vorgenommen wird oder neue Stadtgebiete erschlossen werden. Man muß also ausgesprochen vorsichtig vorgehen, um lebendigen Städten nicht aus Unwissenheit zu schaden. Es empfiehlt sich, einen in diesem Bereich erfahrenen Feng-Shui-Berater zu engagieren.

Die Form des Grundstücks

Der Bereich des Landschafts- und Grundstücks-Feng-Shui vermittelt tiefgreifende Einsichten in die Beziehung zwischen Mensch und Land. Gerade für ein Geschäftsgebäude muß ein Grundstück sehr sorgfältig ausgewählt werden. Nachstehend einige Beispiele von Baugrundstücken, die eine mehr oder weniger günstige Form haben.

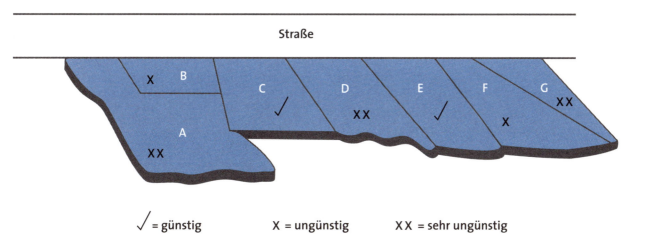

Abbildung 5.2: Unterschiedliche Grundstücksformen.

Kapitel 5 GRENZVERLAUF UND UMRISSFORM

Nach den Prinzipien des Business Feng Shui wirkt sich die Grundstücksform auf das Verhalten, den Wohlstand und die Nachfolge im Betrieb aus. Grundsätzlich ist die Form eines Grundstückes günstig, wenn es eine rechteckige Form aufweist, die nach hinten etwas breiter wird. In dieser Abbildung wäre C am besten, es ähnelt einem Krug oder Gefäß, das von der Zufahrt aus gesehen nach hinten breiter wird. Dadurch kann der Reichtum »gehalten« werden, womit für die Nachfolge des Betriebes gesorgt ist. Das Grundstück E weist ebenfalls eine gleichmäßige und damit vorteilhafte Form auf.

Die Form von Ländern

Um das allgemeine Verhalten und den Charakter der Landesbewohner zu verstehen, müssen wir als erstes die Umrißform des jeweiligen Landes untersuchen. Betrachten wir einige wichtige Beispiele von Ländern in Westeuropa sowie die Form Chinas.

Der Umriß Deutschlands Die Deutschlandkarte in Abbildung 5.3a sieht wie der Kopf einer »ärgerlichen Frau« aus. In Abbildung 5.3b sind zur Verdeutlichung die Gesichtszüge und Haare hinzugefügt worden. Das Gesicht ist nach Westen gerichtet. Von den drei deutschsprachigen Ländern ist Deutschland das Land, dessen Bevölkerung sich am aggressivsten verhält und am leichtesten zu provozieren ist. Die Deutschen sind aber auch am engagiertesten. Rechts können wir die spitze Landform der tschechischen Republik erkennen, die auf den Nacken der deutschen Frau zeigt. Dies ist eine ziemlich negative Energie, welche die Frau verärgert. Sie fühlt sich unwohl und kann nicht stillhalten. Das erklärt, warum Deutschland den starken Wunsch nach Expansion hat und Westeuropa kontrollieren möchte.

Jetzt ist auch erkennbar, warum die Einführung des Euro so stark von der Bundesrepublik unterstützt wird. Wenn der Euro erst

Abbildung 5.3a: Die Deutschlandkarte.

eine etablierte Verkehrswährung geworden ist, werden wir erleben, daß noch mehr ausländische Firmen von deutschen Unternehmen aufgekauft werden.

Der Umzug der Bundesregierung von Bonn nach Berlin ist aus der Sicht von Feng Shui ein großer Fehler. Bonn liegt auf der Stirnseite und ist das »Gehirn« der deutschen Frau, das Deutschland auch die »Brainpower« verleiht, um in der Technologiebranche zu expandieren und seine finanzielle Macht zu erhalten. Berlin liegt dagegen im Bereich der Haare, hier fehlt die Stabilität. Die »deutsche Frau« müßte nur ihre »Hochfrisur« ändern, und Berlin wäre verloren. Berlin ist deshalb ein unsicherer Regierungsstandort für Deutschland und die EU. Darüber hinaus ist diese Stadt sehr unharmonisch und immer noch von den unguten Energien des zweiten Weltkriegs geprägt.

Betrachten wir Berlin als nächstes unter dem Aspekt der »acht Lebensziele«, der im Feng Shui verwendet wird, um die aktuelle Situation einer Stadt oder eines Gebäudes zu untersuchen. Wenn man die acht Lebensziele auf den Stadtplan von Berlin überträgt, erkennt man, daß der Bereich »Beziehungen« fehlt. Das deutet darauf hin, daß die Bürger von Berlin vermehrt Beziehungsprobleme haben. So zeigen Statistiken, daß 70 Prozent der Mütter in Berlin alleinerziehend sind. Auch die Zahl der Scheidungen und Trennungen soll in Berlin außergewöhnlich hoch sein.

Der Bereich »Wohlstand und Reichtum« ist ebenfalls nicht vorhanden, was mangelnden Wohlstand für die Stadt bedeutet. Auch die Bereiche »Kinder« und »Familie« sind schwach ausgebildet, was bedeutet, daß Berlin keine geeignete Stadt ist, um Kinder großzuziehen.

Der Bereich »Kommando und Ruhm« ist stark ausgeprägt, was eine starke Machtbasis für den Regierungssitz bedeutet. »Hilfreiche Menschen und Mentoren« ist ebenso ein

Abbildung 5.3b: Deutschland als »ärgerliche Frau«.

Kapitel 5 GRENZVERLAUF UND UMRISSFORM

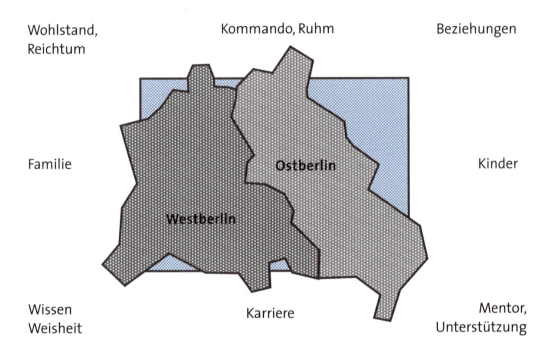

Abbildung 5.4: *Die Karte von Berlin zeigt, daß diese Stadt für Familien mit Kindern ungeeignet ist.*

besonders starker Bereich und eine Bestätigung dafür, daß die Bundesregierung viele Mittel bereitstellt, um Berlin wieder zum Erblühen zu bringen.

Der »Karrierebereich« ist gut entwickelt. Das könnte bedeuten, daß es in Berlin viele karriereorientierte Menschen gibt. In diesem Fall sind es aber mehr Beamte als Geschäftsleute. Der Bereich »Wissen und Weisheit« ist ebenfalls stärker ausgeprägt, was sich in der großen Anzahl von Museen, Kunst- und Kulturzentren bestätigen.

BERLIN UND GROSSBRITANNIEN **Kapitel 5**

Der Umriß Großbritanniens Wenn wir die Karte von Großbritannien betrachten, erkennen wir einen Seevogel mit hungrig geöffnetem Schnabel. Während der letzten 500 Jahre waren die Briten im Besitz zahlreicher Kolonien. Dieser Seevogel ist allerdings heute ausgestorben, und Großbritannien hat seine Kolonien verloren. Der Umriß der Insel ähnelt auch dem Währungssymbol für das britische Pfund. Das erklärt, warum Großbritannien so sehr zögert, seine Landeswährung aufzugeben. London befindet sich um unteren Bauch- und Beinbereich des Seevogels, was auf Stabilität, Flexibilität und Mobilität hinweist – eine Bestätigung für die Stärke und den weiteren Einfluß des Landes auf internationale politische und wirtschaftliche Angelegenheiten.

Abbildung 5.5b: Großbritannien - ein hungriger Seevogel.

Abbildung 5.5a: Die Landkarte von Großbritannien.

Kapitel 5 Grenzverlauf und Umrissform

Der Umriß Österreichs Der Umriß von Österreich ähnelt einer kleinen Schnecke, die sich zwischen Schweiz und Deutschland befindet und sich langsam in Richtung Bodensee bewegt.

Ein Hauptmerkmal der Österreicher ist ihre Zufriedenheit und ihre Art, die Dinge langsam anzugehen. Sie werden es vielleicht aus eigener Erfahrung kennen: Wenn man mit Österreichern zu tun hat, muß man daher etwas geduldiger sein.

Abbildung 5.6a: Die Karte Österreichs.

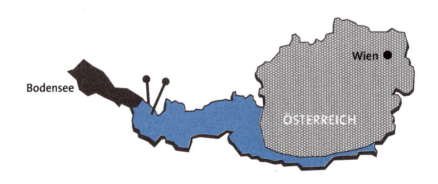

Abbildung 5.6b: Österreich – eine kleine Schnecke.

ÖSTERREICH UND FRANKREICH Kapitel 5

Der Umriß Frankreichs Die Karte Frankreichs ähnelt in ihrer Form einer Süßwasserschildkröte mit einem weichen Panzer (siehe Abbildung 4.7b) Eine solches Tier kann stur, arrogant und langsam in der Entscheidungsfindung sein, da es keine Eile hat. Wenn sich die Schildkröte entschließt, ihren Kopf herauszustrecken, sagt sie: »Ich bin die Größte.« Frankreich ist tatsächlich als ein Land bekannt, das versucht, Stärke und Macht zu demonstrieren. Mit einem weichen Panzer kann es jedoch keinen solchen Respekt erlangen.

Die Schildkröte zeigt den Charakter der Franzosen – sie sind isoliert, reserviert und haben eine Art an sich, die den Eindruck erweckt, daß sie von ihrem starken Nachbarn Deutschland sowie der englischsprachigen Welt nichts wissen wollen – und brauchen. Nur wenige Franzosen scheinen Englisch oder andere Fremdsprachen sprechen zu wollen. Diese Einstellung verhindert viele wirtschaftliche Chancen und Gelegenheiten, im Ausland zu arbeiten. Frankreich wird lange unter der hohen Arbeitslosigkeit zu leiden haben, wenn sich die Franzosen ihrer übertriebenen nationalen Haltung nicht stärker bewußt werden.

Abbildung 5.7a: Die Landkarte Frankreichs.

Abbildung 5.7b: Frankreich - eine Süßwasserschildkröte mit weichem Panzer.

Kapitel 5 GRENZVERLAUF UND UMRISSFORM

Abbildung 5.8a: Die Karte der Schweiz.

Der Umriß der Schweiz Wenn wir die Schweizer Landkarte betrachten, erkennen wir die Form eines Känguruhs, das auf dem Rücken eine schwere Last trägt; sein Kopf ist zum Bodensee hin ausgerichtet. Die kleine, aber reiche Nation wird zudem von den umliegenden EU-Ländern eingezwängt.

Das Schweizer Känguruh trägt eine schwere Last oder einen Sack voll Geld auf seinem Rücken. Die Schweiz ist ein reiches aber zugleich armes Land. Vor einigen Jahren sind zur Zeit der Weltfinanzkrise 62 Prozent des Umlaufvermögens zur Sicherheit auf Schweizer Banken überwiesen worden. Obwohl die Banken und Institutionen reich sind, ist der Durchschnittsschweizer aber nicht besonders wohlhabend.

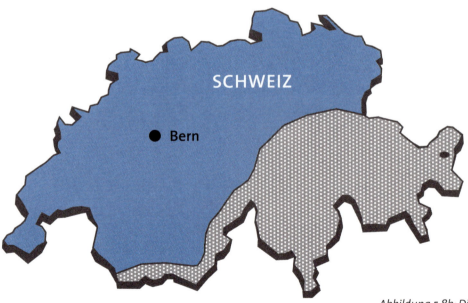

Abbildung 5.8b: Die Schweiz – ein Känguruh mit einer schweren Last.

SCHWEIZ UND CHINA **Kapitel 5**

Der Umriß Chinas Als nächstes betrachten wir den Wirtschaftsgiganten China auf dem Vormarsch. In Abbildung 5.9b sehen wir einen Kartengrundriß, der einem Pekinesenhündchen ähnelt. Ein Hund ist loyal, gehorsam und ein guter Diener. Das zeigt, daß China ein guter Hersteller von maßgeschneiderten Produkten für die reichen Weltmärkte ist, was sich momentan auch bestätigt.

Abbildung 5.9b (rechts): China – ein Pekinese.

Die Form eines Landes bestimmt über dessen Wirtschaft Die Karte von Deutschland zeigt einen Kopf, während andere Länder die Gestalt von Tieren und Gliedmaßen haben: die Schweiz – ein Känguruh, Österreich – eine Schnecke, Frankreich – eine Süßwasserschildkröte, Ungarn – ein Wurm, Italien – ein menschliches Bein usw.

Das bedeutet, daß Deutschland »den Kopf«, also die Intelligenz, und die wirtschaftlichen Ressourcen besitzt. Die Zukunft und Entwicklungsrichtung von Ost- und Westeuropa wird daher stark von Deutschland beeinflußt werden. Die Europäische Union und die Einführung des Euro werden die Expansion deutscher Firmen ins Ausland stark begünstigen.

Abbildung 5.9a (links): Die Landkarte Chinas.

Kapitel 6

Wie Landschaft und Raum das Leistungsvermögen beeinflussen

Kapitel 6 LANDSCHAFT UND RAUMAUFTEILUNG

Wie Landschaft und Raum das Leistungsvermögen beeinflussen

Im Laufe der Jahre bin ich viel gereist und habe Hunderte von Städten und Dörfern in vielen Teilen der Welt besucht. Die Landschaft in der Umgebung war immer wieder anders geformt – vom flachen, offenen Land bis hin zu steilen zerklüfteten Bergketten. Während ich mich dort aufhielt, beobachtete ich das allgemeine Leben und Verhalten der dort lebenden Menschen. Ich stellte beispielsweise fest, daß die Bewohner in einer Umgebung mit steilen Bergen bestimmte eingeschränkte Verhaltensmuster an den Tag legen. Je enger die Berge stehen, desto engstirniger und verschlossener sind die dort lebenden Menschen (siehe Abbildung 6.1). Auf Grund der Umweltbedingungen sind sie stark auf sich selbst gestellt, fühlen sich in ihrer begrenzten Welt aber anderen noch überlegen. Das erschwert es ihnen, den Standpunkt anderer Menschen zu akzeptieren. Viele Schweizer, Norditaliener und Österreicher, die in den Alpen leben, besitzen diesen engstirnigen Charakter.

Was ist der Grund dafür, daß die von Bergen »eingeschlossenen« Menschen außerdem den Eindruck haben, es gebe im Alltag und beim Erreichen ihrer Lebensziele besonders viele Hindernisse und Probleme?

Wenn ein Mensch jeden Tag die Haustür öffnet und auf hohe Berge blickt, »übersetzt« er diese unbewußt als Hindernisse im Alltag. Berglandschaften mit engen Tälern haben eine stark einschränkende Wirkung auf die Bewohner, während einige wenige Bergzüge schon einen schwächeren Einfluß haben. Zwei parallelliegende Bergketten bewirken immer noch eine gewisse »Einschränkung«, die jedoch nicht mehr so stark ist.

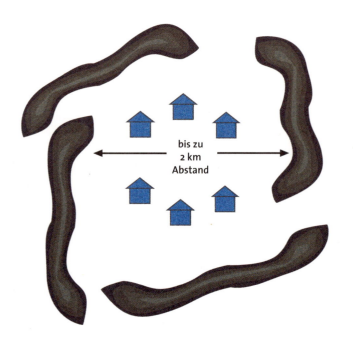

Abbildung 6.1: Eng umschließende Bergketten schaffen engstirnige Menschen.

BERGLANDSCHAFTEN **Kapitel 6**

Die Menschen, die in Gemeinden wie in Abbildung 6.2 leben, sind weniger engstirnig als diejenigen in Abbildung 6.1. Je weiter die Bergketten auseinanderstehen, desto weniger Engstirnigkeit bewirken sie (siehe Abbildung 6.3). Die Bewohner haben mehr Bewegungsfreiheit und reisen auch häufiger über weitere Entfernungen.

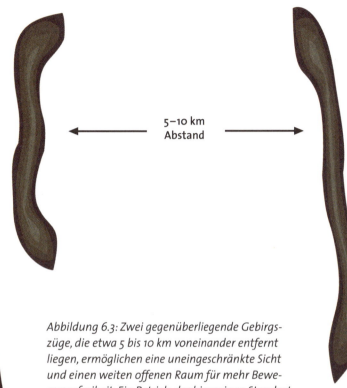

Abbildung 6.3: Zwei gegenüberliegende Gebirgszüge, die etwa 5 bis 10 km voneinander entfernt liegen, ermöglichen eine uneingeschränkte Sicht und einen weiten offenen Raum für mehr Bewegungsfreiheit. Ein Betrieb, der hier seinen Standort hat, expandiert eher weit über die Stadtgrenzen hinaus.

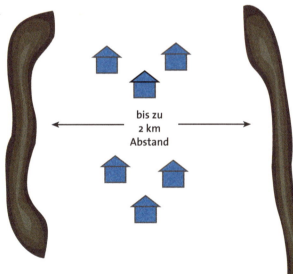

Abbildung 6.2: Auf beiden Seiten befinden sich umschließende Gebirgszüge, es gibt jedoch einen offenen Ein- und Ausgang.

Kapitel 6 — Landschaft und Raumaufteilung

Die innere und äußere Firmenlandschaft

»Was Sie sehen, ist das, was Sie bekommen.« Ist Ihnen dieser Satz bekannt? Was wir sehen und worüber wir die meiste Zeit nachdenken – und als innere und äußere Bilder wahrnehmen –, ist das, was wir manifestieren, was also in unserem Leben Wirklichkeit wird. Alles, was wir Tag für Tag wahrnehmen, hinterläßt in unserem Geist einen Eindruck, auch wenn er nur unbewußt ist. Diese Eindrücke sind in jedem unserer Lebensbereiche spürbar, in unseren persönlichen Beziehungen ebenso wie in unserem Unternehmen.

Die Art und Weise, wie wir also unsere Umwelt und unser Leben ganz allgemein wahrnehmen und welche Schlüsse wir – oft unbewußt – daraus ziehen, bildet eine gewisse »innere Landschaft« aus, die sich auch im Außen manifestiert. Daraus entsteht die äußerlich sicht- beziehungsweise wahrnehmbare »Firmenlandschaft«, die sich in unserem Betrieb auf die folgende Art und Weise widerspiegelt:

1. In einem Ladengeschäft zeigt sie sich in der Art, wie wir die Ware präsentieren und uns gegenüber unseren Kunden verhalten. Sie zeigt sich auch an unserem allgemeinen Verhalten in der Öffentlichkeit.
2. In einem Büro zeigt sie sich in der Weise, wie wir die Möbel und Einrichtungsgegenstände angeordnet haben, in der Art wie wir Geschäfte machen, in unserem allgemeinen Verhalten und unserer Einstellung gegenüber dem Kunden.
3. Insgesamt beeinflußt diese »Landschaft« unsere Ziele und Visionen für die Zukunft.

Die Gegenstände und Strukturen, welche unsere unmittelbare Umgebung ausmachen, wirken sich wiederum auf unsere Denkweise, unsere Gefühle und unsere Haltung gegenüber anderen Menschen aus, auf die Art und Weise, wie wir Geschäfte machen, sowie auf unsere Ziele im Leben und in der Gesellschaft. Alle diese Einflüsse können entweder positiv oder negativ sein und ziehen dementsprechend Kunden an oder stoßen sie ab.

Die Bedingungen, die wir um uns herum erschaffen, werden zum persönlichen und kulturellen Verhaltensmuster, welches dann die kosmische Lebenskraft beeinflußt. Wenn das Qi auf diese Art und Weise programmiert wird, hat es auf die Menschen im Büro oder auf dem Firmengelände eine entsprechende Wirkung. Die daraus resultierenden Verhaltensmuster werden oft als »Firmenkultur« bezeichnet. Man braucht einen starken Chef, um Aspekte dieser durch die Umgebung entstandenen Kultur zu verändern.

Wenn wir unsere Geschäftspsychologie und unsere Einstellung verändern wollen, müssen wir das Muster, von dem die kosmische Lebenskraft – das Qi – im Bereich unseres Betriebes geprägt ist, verändern. Das kann auf die folgende Art und Weise geschehen:

1. Raumaufteilung und Raumgestaltung werden nach den Prinzipien des Feng Shui verändert, um Energie, Sauerstoffgehalt und Harmonie zu steigern.
2. Renovierungsarbeiten werden durchgeführt, das Farbschema wird angepaßt. Das Design von Möbeln und Einrichtungsgegen-

ständen wird harmonisch auf das Geschäft und die Kunden abgestimmt.

3. Die persönliche Einstellung und das Verhalten ändern sich. Man wird offener und empfänglicher für neue Ideen und Technologien.

4. Ein neuer Manager oder Chef wird eingestellt, um wesentliche wichtige Veränderungen schneller durchzusetzen. Die Erfahrung hat gezeigt, daß ein Manager normalerweise in den ersten sechs bis zwölf Monaten für seine Firma gute Resultate erreicht. Ein besseres Ergebnis wird häufig durch starke Veränderungen erzielt. Natürlich sorgen positive Veränderungen für längerfristige Rentabilität und Erfolge.

Die Raumaufteilung der inneren Firmenlandschaft

Die »Landschaft« im Inneren eines Gebäudes wirkt sich auf die allgemeine Stimmung und Arbeitsmoral aus. Im Sinne des Feng Shui sind Wände mit Bergen vergleichbar. Ein großes Firmengebäude mit zahlreichen durch Wände abgeteilten Büros besitzt viele »interne« Berge (siehe Abbildungen 6.4a–c). Der Hauptunterschied zwischen einem natürlichen Berg und den festen Wänden im Büro besteht darin, daß die Abgrenzung im Büro in bezug auf Kommunikation, Handlungs- und Bewegungsfreiheit starrer und weniger flexibel ist als eine natürlich geformte Bergkette. Es entstehen mehr Hindernisse und »isolierte Reiche« für den einzelnen, der sich dann auch von den Kollegen abgeschnitten fühlen kann. Andererseits hat ein solches Büro natürlich auch seine Vorteile. Es gewährt eine große Privatsphäre und bietet eine ruhigere Atmosphäre mit weniger Störungen. Zu viele in sich abgeschlossene Büros (Berge) im Firmengebäude schaden jedoch dem Kommunikationsfluß, der effektiven Teamarbeit und den kollegialen Beziehungen (siehe Abbildungen 6.4b–g zur weiteren Erläuterung).

Abbildung 6.4a: Eine natürliche Bergform.

Kapitel 6 Landschaft und Raumaufteilung

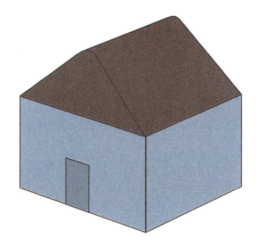

Abbildung 6.4b: Ein in sich abgeschlossenes Gebäude mit vier Wänden, die vier Bergen entsprechen.

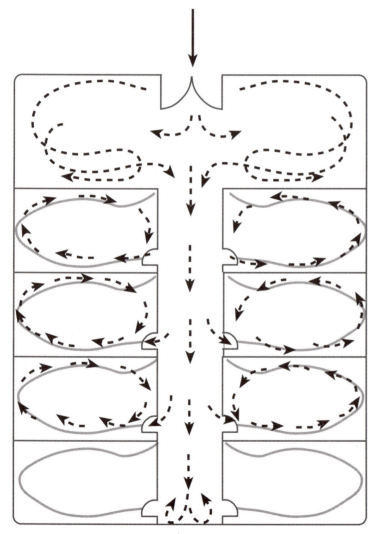

Abbildung 6.4c: Auf diesem Grundriß wurden acht »Berge« (in sich abgeschlossene Räume) geschaffen, welche die Energie und den Kommunikationsfluß blockieren. Damit sind unnötige Hindernisse entstanden, die einer Firma des neuen Zeitalters nicht gerecht werden.

BÜROGRUNDRISSE **Kapitel 6**

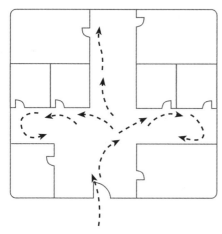

Abbildung 6.4d: In diesem Büro ist der Energiefluß eingeschränkt. Es ist sehr schwierig, ein gutes Arbeitsteam entstehen zu lassen.

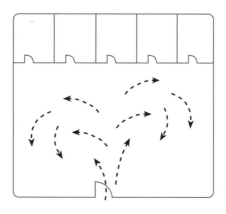

Abbildung 6.4f: Der Grundriß zeigt ein Großraumbüro und einige kleinere Büros. Hier wird eine einfache Kommunikation zwischen den Mitarbeitern ermöglicht, was ein freundlicheres Verhalten gegenüber Kunden und Kollegen fördert. Die Energie für ein gutes Arbeitsteam entsteht praktisch automatisch.

Abbildung 6.4e: Die Energie kann in diesem Großraumbüro ohne Einschränkungen fließen.

Abbildung 6.4g: Diese Arbeitsplatzaufteilung würde einen guten Energiefluß und eine einfache Kommunikation zwischen den Mitarbeitern schaffen.

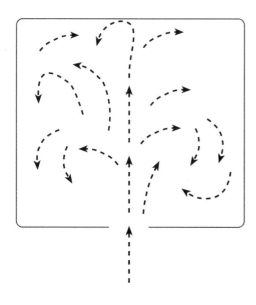

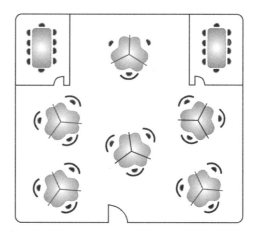

Kapitel 6 LANDSCHAFT UND RAUMAUFTEILUNG

Büroarbeiter sind im Großraumbüro entspannter in ihrem Selbstausdruck und bilden ein besseres Arbeitsteam, da sie mehr Gelegenheiten haben, einfach zu kommunizieren. Die gesamte kosmische Lebenskraft innerhalb des Raumes kann bei nur wenigen Wänden stärker fließen, die Mitarbeiter sind aktiver und haben eine höhere Vitalität.

Wer wie in Abbildung 6.4d arbeitet, ist in seiner Bewegung und Kommunikation eher eingeschränkt. Wenn die Mitarbeiter in kleinen Kabinen untergebracht sind, agieren sie in »ihrem Reich« oder »ihrer Festung« eher politisch und defensiver. Manche Mitarbeiter suchen diese in sich abgeschlossenen Räume, weil es ihnen an Selbstvertrauen fehlt.

Aufgrund meiner langjährigen Beratererfahrung im Bereich Bürogestaltung halte ich es für extrem schwierig, in einzelnen kleinen und durch Wände blockierten Arbeitsräumen eine erfolgsfördernde Arbeitsumgebung zu schaffen. Gerade wenn eine Firma den vielen Herausforderungen des 21. Jahrhunderts gewachsen sein will, müssen die Büros für ein flexibles Arbeitsteam ausgelegt sein, das schnell handeln kann. Das neue Millennium erfordert schnelle Kommunikation mit modernsten Technologien und damit schnelle Reaktionen und Veränderungen, um geschäftliche Chancen optimal nutzen zu können.

Abbildung 6.4h: Der dreifach unterteilte Büroarbeitsplatz.

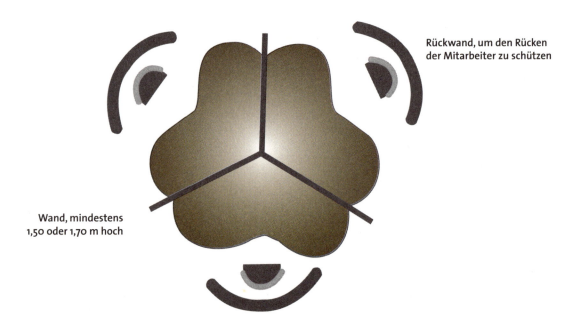

Der dreifach unterteilte Büroarbeitsplatz

Eine dreifache Unterteilung des Arbeitsplatzes erlaubt einen freien Fluß von Sauerstoff und kosmischer Lebenskraft. Die Mitarbeiter können sich frei bewegen und mit ihren Kollegen kommunizieren. Im 21. Jahrhundert wird der Geschäftserfolg wegen des schnellen Informationsflusses weitgehend von guter Kommunikation abhängen. Das offene Design entspricht diesen Erfordernissen.

Das Hauptziel im Geschäftsleben liegt darin, Ideen – Produkte und Dienstleistungen – an die Kunden weiterzugeben. Wie soll man mit Menschen außerhalb der Firma kommunizieren, wenn man bereits innerhalb des Arbeitsteams keine Informationen austauschen kann, da die Mitarbeiter durch unnötige Wände (Berge) voneinander getrennt sind? Wenn eine Führungskraft dann noch mit dem Gesicht zur Wand sitzt, wird sie wenig kreativ und erfolgreich sein. Sie ist auch zu sehr auf sich selbst bezogen und nicht in der Lage, effektiv im Team zu arbeiten. Ein Großraumbüro ist der akzeptablere Standard für das moderne Büroleben.

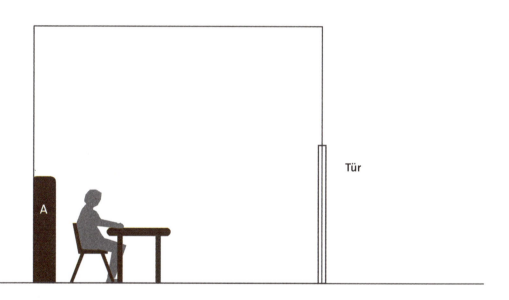

Abbildung 6.5a: Der niedrige Schrank A im Rücken bietet der Person eine hervorragende Rückendeckung. Nach der Lehre des Feng Shui stärkt die Rückendeckung den Arbeitserfolg dieser Person, sie wird daher auch mehr Unterstützung von Untergebenen und Kollegen erhalten.

Kapitel 6 Landschaft und Raumaufteilung

Kleinere Berge im kleinen Büro Als nächstes wollen wir die Raumaufteilung in einem einzelnen Büroraum untersuchen. Ein leerer Raum gleicht einer offenen Landschaft, die keinerlei Hindernisse wie zum Beispiel Bäume, kleine Hügel, Steine usw. aufweist. Jedes Möbelstück, das wir in ein Büro stellen, bedeutet ein Hindernis (einen Berg), das den Fluß von kosmischer Energie und Sauerstoff sowie jegliche günstige Energiebewegungen abblocken oder umlenken kann.

Nicht alle »Berge« im Büro sind negativ, es kommt darauf an, wo wir sie plazieren. Es gilt die folgende Grundregel: Es ist gutes Feng Shui, wenn man »Berge« im Rücken hat – sie bieten uns eine starke Rückendeckung und unterstützen uns somit (siehe Abbildung 6.5a). »Berge«, die vor uns stehen, werden jedoch als Hindernisse gewertet. Daher sollten wir es möglichst vermeiden, große Möbelstücke oder Einrichtungsgegenstände vor oder neben unserem Schreibtisch aufzustellen (siehe Abbildung 6.6).

Abbildung 6.5b: Der hohe Schrank B überragt die Person und unterdrückt damit ihre effektive Arbeitsweise. Dadurch entsteht ein unnötiger Druck auf Kopf und Körper der hier sitzenden Person. Die Rückendeckung scheint zwar gut zu sein, andererseits entsteht aber eine große Bürde, die sich ungünstig auf die effektive Arbeitsleistung auswirkt.

Schränke im Büro **Kapitel 6**

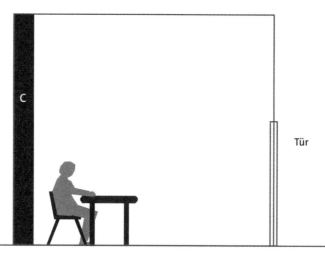

Abbildung 6.5c: Der Einbauschrank wirkt wie eine Wand. Er stellt keine Beeinträchtigung dar, wenn die Schranktüren geschlossen sind. Steht hier aber ein offenes Regal, entstehen starke Turbulenzen, die im Raum aggressive Energiebewegungen verursachen.

Abbildung 6.6: Der Schrank A ist zu hoch, schränkt die Sicht ein und läßt im Raum eine Energie entstehen, welche die hier arbeitende Person davon abhält, vorauszudenken, sich frei auszudrücken und im Leben voranzukommen. Der Schrank ist wie ein großer, blockierender Berg und bewirkt Unentschlossenheit. Wer hier sitzt, hat keine positive Einstellung und tut nicht mehr, als verlangt wird. Es fehlt der Person wahrscheinlich an Zukunftsvisionen.

支持

Kapitel 7

Eine starke Rückendeckung – der Schlüssel zum Erfolg

Kapitel 7 DIE RÜCKENDECKUNG

Eine starke Rückendeckung – der Schlüssel zum Erfolg

Eine starke Rückendeckung können wir uns wie einen stabilen Stuhl vorstellen. Wenn der Stuhl eine feste Lehne hat, empfinden wir das Sitzen als angenehm, denn wir wissen, daß wir nicht nach hinten kippen können, wenn wir uns anlehnen. Im Feng Shui bedeutet eine gute Rückendeckung (zum Beispiel in Form eines Hügels oder einer festen Wand) im übertragenen Sinne, daß wir von unserer Familie, unseren Freunden, Kunden, Mentoren, der Bank und dem Staat kraftvoll unterstützt werden.

Die Rückendeckung wird in fünf Ebenen unterteilt, von denen jede eine wesentliche Bedeutung hat und zu erfolgreichen Geschäften beiträgt. Es geht dabei um die Rückendeckung:

1. des Firmengebäudes
2. des Firmenhauptsitzes
3. des Stockwerks, in dem sich das Chefbüro befindet
4. der einzelnen Büros von Firmenchef und Controller
5. der Sitzplätze von Chef und Controller

Die Rückendeckung des Firmengebäudes

Ein Firmengebäude gleicht einem Menschen. Wenn wir an unserem Arbeitsplatz sitzen, müssen wir auf einem stabilen Stuhl mit guter Lehne sitzen, damit wir im Gleichgewicht bleiben, möglichst wenig Streß haben und uns auf unsere Arbeit konzentrieren können. Ein Firmengebäude muß ebenfalls eine solide Basis mit einer starken Rückendeckung haben, die den Mitarbeitern in allen Arbeitsbereichen Schutz und Geborgenheit bietet. Die Rückendeckung sollte allerdings nicht mehr als ein Drittel höher als das Firmengebäude sein, da sie sonst erdrückend wirkt (siehe Abbildungen 7.1a und 7.1b).

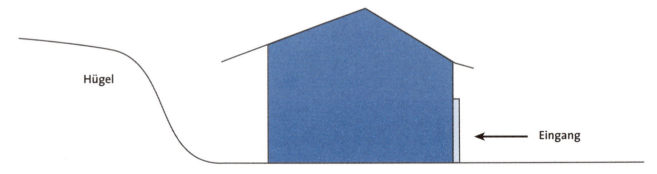

Abbildung 7.1a: Der Hügel auf der Rückseite bietet dem Gebäude eine gute Rückendeckung.

GEBÄUDESTANDORTE **Kapitel 7**

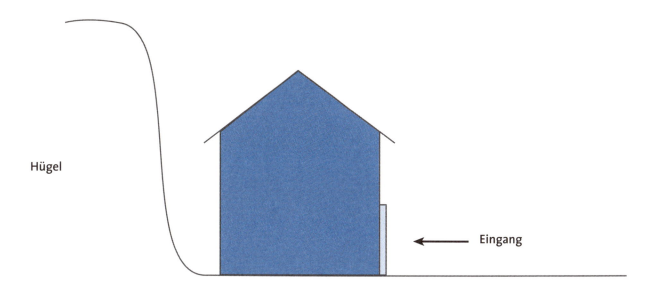

Abbildung 7.1b: Der Hügel hinter dem Gebäude bietet zwar eine Rückendeckung, ist aber zu hoch. Deshalb ist dieser Hügel ungünstig.

Die Gebäude in den Abbildungen 7.1c bis 7.1f sind Beispiele für eine mangelhafte Rückendeckung und benötigen unbedingt spezielle Feng-Shui-Maßnahmen, wenn die Firma nicht bankrott gehen soll.

Ein gut plaziertes Gebäude hat eine Rückendeckung in der richtigen Höhe, die anzeigt, daß die Firma über eine starke Basis verfügt, von der aus sie wachsen und sich weiterentwickeln kann. Die Mitarbeiter fühlen sich in einem solchen Gebäude sicher und sind ausgeglichener.

Die Gebäude in den Abbildungen 7.1c–7.1f haben keinen stabilen Standort. Wer hier arbeitet, wird sich im allgemeinen unsicher und ungeschützt fühlen. Diese Atmosphäre kann bei der Arbeit und bei Entscheidungsprozessen endlose Probleme verursachen. Das Personal ist sehr wahrscheinlich ängstlich und depressiv.

Kapitel 7 Die Rückendeckung

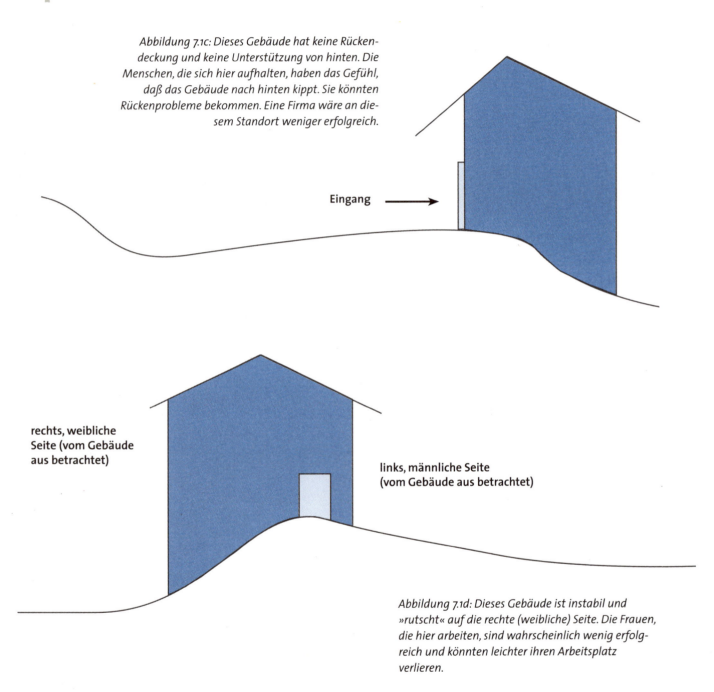

Abbildung 7.1c: Dieses Gebäude hat keine Rückendeckung und keine Unterstützung von hinten. Die Menschen, die sich hier aufhalten, haben das Gefühl, daß das Gebäude nach hinten kippt. Sie könnten Rückenprobleme bekommen. Eine Firma wäre an diesem Standort weniger erfolgreich.

Eingang

rechts, weibliche Seite (vom Gebäude aus betrachtet)

links, männliche Seite (vom Gebäude aus betrachtet)

Abbildung 7.1d: Dieses Gebäude ist instabil und »rutscht« auf die rechte (weibliche) Seite. Die Frauen, die hier arbeiten, sind wahrscheinlich wenig erfolgreich und könnten leichter ihren Arbeitsplatz verlieren.

GEBÄUDESTANDORTE **Kapitel 7**

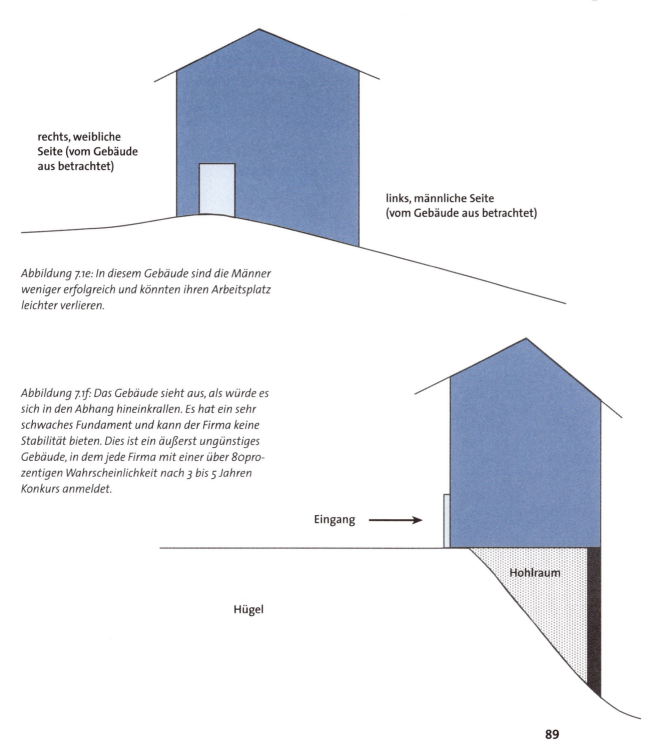

rechts, weibliche Seite (vom Gebäude aus betrachtet)

links, männliche Seite (vom Gebäude aus betrachtet)

Abbildung 7.1e: In diesem Gebäude sind die Männer weniger erfolgreich und könnten ihren Arbeitsplatz leichter verlieren.

Abbildung 7.1f: Das Gebäude sieht aus, als würde es sich in den Abhang hineinkrallen. Es hat ein sehr schwaches Fundament und kann der Firma keine Stabilität bieten. Dies ist ein äußerst ungünstiges Gebäude, in dem jede Firma mit einer über 80prozentigen Wahrscheinlichkeit nach 3 bis 5 Jahren Konkurs anmeldet.

Eingang

Hohlraum

Hügel

Kapitel 7 DIE RÜCKENDECKUNG

Wie man die energetische Stabilität eines Gebäudes prüft Mit einem einfachen Experiment können Sie feststellen, ob ein Gebäude energetisch stabil ist. Wenn Sie sich im Gebäude befinden, setzen Sie sich so hin, daß Sie in Richtung Eingangstür blicken, legen Sie die Hände entspannt auf die Oberschenkel, und schließen Sie die Augen. Oder stehen Sie, und lassen Sie die Arme seitlich locker hängen. Spüren Sie jetzt nach, in welche Richtung sich die Gebäudeenergie bewegt. Sie werden feststellen, daß es sich bei einem Gebäude, das am Hang gebaut ist, so anfühlt, als würde es den Hang hinunterkippen. In meinen Kursen sind mehr als 80 Prozent der Teilnehmer in der Lage, mit Hilfe dieses Tests das energetische Ungleichgewicht eines Gebäudes am Hang zu spüren.

Hierbei ist es wichtig anzumerken, daß wir nicht von der Stabilität und Sicherung des Hauses im Sinne des Architekten sprechen, sondern von der Art des Energieflusses innerhalb und außerhalb des Gebäudes!

Wenn Sie diesen Test durchführen, werden Sie bei dem Gebäude in Abbildung 7.1a keine kippenden Bewegungen wahrnehmen, da es durch den sehr soliden Hügel auf der Rückseite gut gesichert ist.

Auf der Rückseite des Gebäudes in Abbildung 7.1c befindet sich ein Abhang. Wenn man sich hier aufhält, hat man das Gefühl, nach hinten zu kippen – so als würde das Haus den Hang hinabrutschen. In einem solchen Gebäude haben die meisten Mitarbeiter und insbesondere die Führungskräfte Probleme mit dem Gleichgewicht sowie gesundheitliche Probleme, insbesondere im Rückenbereich.

Die Situation in Gebäude 7.1d verhält sich etwas anders. Das Gebäude »bewegt sich« zur rechten (weiblichen) Seite. Die Frauen, die hier arbeiten, haben weniger Kontrolle über ihre Leistungen und damit auch weniger Erfolg. Je nachdem, wie die Mitarbeiter an ihren Arbeitsplätzen sitzen, können gesundheitliche Probleme entstehen. Wenn sie so sitzen, daß sie in Richtung Haupteingang blicken, werden sie das Gefühl haben, nach rechts zu kippen. Daher werden sie ihr Gewicht mehr nach rechts verlagern, um sich beim »Rutschen« abzustützen. Im Laufe der Zeit spannt sich dadurch die rechte Körperhälfte immer mehr an. Wer über einen längeren Zeitraum an einem solchen Platz sitzt, kann unter Durchblutungsproblemen, Rückgratverkrümmungen und Taubheitsgefühlen auf der rechten Körperseite leiden. Sitzen die Mitarbeiter mit dem Rücken zum Abhang, haben sie das Gefühl, nach hinten zu kippen, was zu chronischen Beschwerden im Rücken und zu starken Rückenschmerzen führen kann. Ich habe viele Firmengebäude dieser Art besucht, in denen die Mitarbeiter das eine oder andere Problem mit dem Rücken hatten.

Wer sich im Gebäude 7.1e aufhält, erlebt die Wirkung umgekehrt wie in 7.1d. Da die linke (männliche) Seite am Abhang liegt, sind hier die Männer weitaus stärker betroffen als die Frauen. Das Gebäude 7.1f ist ein Extrembeispiel eines sehr ungünstigen Firmen- oder Geschäftsgebäudes. Das gesamte Gebäude scheint nach hinten zu kippen. Es spielt dabei keine Rolle, wie gut es bautechnisch gesichert ist, um einen Erdrutsch zu verhindern.

Wer sich hier aufhält, leidet unter mangelndem Selbstvertrauen und entwickelt mit großer Wahrscheinlichkeit unerklärliche Ängste, die sich in einer Nierenschwäche äußern können. Unter diesen Umständen ist der Mensch nicht in der Lage, sich zu konzentrieren oder gute, von der Intuition geführte Entscheidungen zu treffen. Ich habe selten Firmen erlebt, die in dieser Art von Gebäude erfolgreich gewesen wären.

Welche Maßnahmen können ergriffen werden? Je nach Situation würde ein erfahrener Feng-Shui-Berater empfehlen, an bestimmten Stellen zusätzliche schwere Beton- oder Steinblöcke sowie feinstofflich wirkende Abhilfen und Symbole einzusetzen, um die störenden Energiebewegungen zu neutralisieren und die mangelnde Rückendeckung in diesen Gebäuden zu kompensieren.

Bei einem Fall in der Schweiz konnten hilfreiche Maßnahmen getroffen werden, die weniger als 1800 DM kosteten. Je nach Standort ist es in einigen Fällen auch möglich, den Eingang zu verlegen, wodurch sich für das Gebäude eine verbesserte Rückendeckung ergibt. Häufig sind diese Maßnahmen jedoch mit zusätzlichen Baumaßnahmen und höheren Kosten verbunden. Erfolglose Unternehmen, die mit ernstzunehmenden Schwierigkeiten zu kämpfen haben, können somit auf unterschiedliche Weise häufig »aufgefangen« und stabilisiert werden. Daher empfiehlt es sich, in Situationen wie in den Abbildungen 7.1c-f dargestellt, einen erfahrenen Feng-Shui-Berater zu engagieren, der das Problem behebt, bevor Geschäfte und Umsätze leiden.

Die Rückendeckung innerhalb des Gebäudes

So wie ein Gebäude im Freien beispielsweise durch einen Hügel »gestützt« wird, muß auch seine Rückseite entsprechend solide gestaltet sein. Hier geht es nun um die Rückendeckung innerhalb des Gebäudes. Im folgenden sehen Sie Beispiele, wie die Rückendeckung durch Glaswände, Fehlbereiche und Fenster geschwächt sein kann.

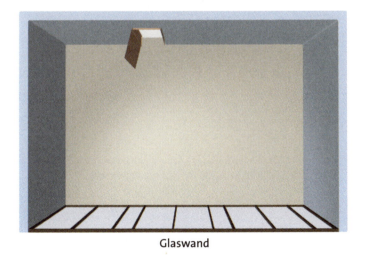

Abbildung 7.2a: Ungünstig. Dieses Büro hat auf der Rückseite eine Glaswand. Das weist darauf hin, daß die Rückendeckung der Firma schwach ist – so zerbrechlich wie Glas. Der Erfolg ist gefährdet.

Glaswand

Kapitel 7 Die Rückendeckung

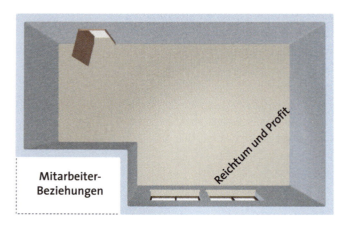

Abbildung 7.2b: Auf der Gebäuderückseite fehlt ein großer Bereich der »Beziehungsecke«. Das könnte, abgesehen von der teilweise fehlenden Rückendeckung, zu Problemen unter den Mitarbeitern führen. Daher ist dieser Büroraum für Führungskräfte ungeeignet.

Die Rückendeckung der einzelnen Büros
Auch die Büros der Führungskräfte brauchen eine starke Rückendeckung, um dem Chef eine kraftvolle Unterstützung durch das Team zu gewährleisten, das in diesem Stockwerk arbeitet.

Am wichtigsten sind in einem Unternehmen die Positionen des Firmenchefs und des Controllers bzw. des Leiters der Finanzabteilung. Ihre Büros müssen eine starke Rückendeckung aufweisen, da sie für ihre Arbeit eine solide Basis brauchen.

Maßnahmen zur Festigung der Rückendeckung Fehlt eine feste Wand gerade im Büro des Chefs oder Finanzleiters, kann dieser Defekt durch massive Trennwände oder dichte buschige Pflanzen ausgeglichen werden. Als Alternative bietet sich bei großen Fenstern oder einer Rückwand aus Glas eine auf die Scheiben aufgeklebte lichtdurchlässige, aber undurchsichtige Folie an. Die Rückwand kann auch aus undurchsichtigen Glasbausteinen bestehen.

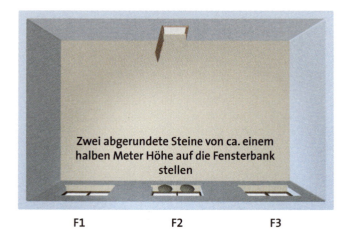

Abbildung 7.2c: In der Mitte der Gebäuderückseite sollte sich am besten eine feste Wand befinden, die den »Rücken stärkt«. In diesem Beispiel befindet sich in der Mitte, wo das »Rückgrat« des Raumes verläuft, ein Fenster (F2), welches die gute Rückendeckung schwächt. Die mangelhafte Rückendeckung kann durch zwei oder drei abgerundete Steine (jeweils etwa 50 cm hoch) ausgeglichen werden. Die Steine werden auf die Fensterbank gestellt und schaffen einen symbolischen Berg. Natürlich wäre es noch besser, das Fenster F2 zuzumauern.

ABHILFEN **Kapitel 7**

Fallbeispiel

Ich erinnere mich an dieser Stelle an eine Firma in Deutschland. Der Chef teilte sich mit den fünf Vizepräsidenten ein Stockwerk. Er hatte ständig Probleme, weil sie ihn in den wichtigsten Punkten seiner Firmenpolitik nicht unterstützten. Der Chef saß in seinem Büro mit dem Rücken zu einer Glaswand. Ich schlug vor, entlang der gesamten Glaswand eine Reihe massiver Trennwände (2,5 m breit und 2 m hoch) aufzustellen. Auch wenn sich mein Vorschlag verrückt und unpraktisch anhörte – diese Maßnahmen waren unbedingt notwendig, auch wenn sie einen Teil des Tageslichts und der guten Aussicht blockierten. Weil ich darauf bestand, wurden die Trennwände nach meinen Anweisungen eingebaut. Es war in den Augen der Firma mehr ein Experiment, als daß man wirklich daran glaubte, daß sich dies für den Firmenchef positiv auswirken würde. Drei Monate nach Aufstellung der Trennwände erhielt ich eine Dankeskarte vom Firmenchef. Er teilte mir mit, daß er allgemein eine starke Bewußtseinsveränderung in seiner Führungsetage festgestellt habe. Seine Vizepräsidenten seien nun für seine Ideen und Visionen deutlich empfänglicher als zuvor.

Eine feste Rückendeckung für den Chef

Chefs oder Geschäftsführer einer Firma müssen so an ihrem Arbeitsplatz sitzen, daß sie eine feste Wand im Rücken und damit eine echte Führungsposition im Betrieb haben. Damit bekommen sie die kraftvolle Unterstützung, die sie von den Untergebenen erwarten. Falls im Rücken keine feste Wand vorhanden ist, können immer noch hilfreiche Maßnahmen ergriffen werden (siehe Abbildung 7.4).

Abbildung 7.3: Massive Trennwände aus Holz (2,5m breit, 2m hoch) stärken der Führungsetage und den einzelnen Führungskräften den Rücken.

Massive Trennwände aus Holz

Kapitel 7 DIE RÜCKENDECKUNG

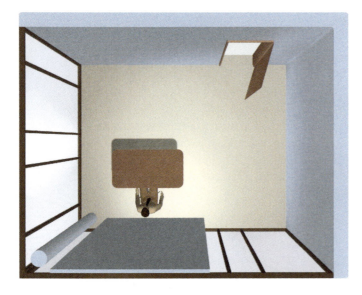

Abbildung 7.4: Diese Person hat einen guten Überblick und die Führungsposition in der Firma. Die feste Trennwand bietet ihr eine starke Rückendeckung und schützt den Sitzplatz.

Gebäude mit Glaswänden – eine moderne Katastrophe Bei meinen Untersuchungen in den USA, Australien, Hongkong, Thailand und Europa habe ich festgestellt, daß Firmen in Gebäuden mit Glaswänden tendenziell leichter bankrott gehen.

Auch wenn es modern ist, viel Glas zu verwenden um die Transparenz der Firma zu demonstrieren – gutes Feng Shui ist das nicht. Glas steht für Unsicherheit – es ist weniger stabil als eine Mauer und kann leichter brechen. Über Glaswände und -scheiben fließt die kosmische Energie schneller wieder ab, was für die Menschen im Gebäude größere Verluste von Lebensenergie und Sauerstoff bedeutet. Außerdem kann jederzeit alles beobachtet werden. Die Wahrscheinlichkeit, daß Firmengeheimnisse weitergegeben werden, ist daher groß.

Wenn ein Firmengebäude andererseits alle oben beschriebenen Kriterien einer starken Rückendeckung erfüllt, ist das Unternehmen normalerweise auch erfolgreich.

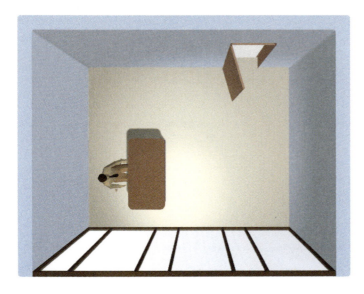

Abbildung 7.5: Auch wenn diese Führungskraft eine feste Rückendeckung hat, besitzt sie keine effektive Kontrolle über die Firma. Sie kann nicht sofort sehen, wer das Büro betritt, denn der Türanschlag befindet sich auf der falschen Seite. Maßnahme: Der Türanschlag wird verändert, damit die Hereinkommenden besser gesehen werden.

Günstiger Büroschnitt **Kapitel 7**

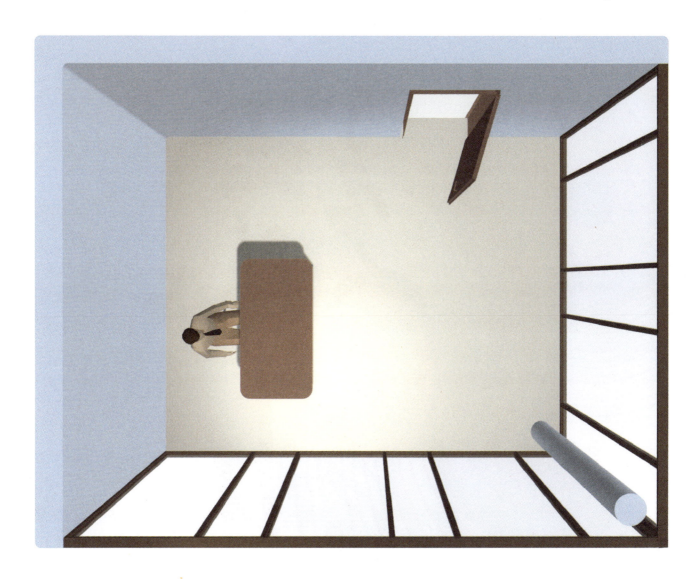

Abbildung 7.6: Eine gute Sitzposition für die Führungskraft.

Kapitel 8

Wer ist der Chef?

Kapitel 8 — Die Kontrollposition

Wer ist der Chef?

Der Chef einer Firma ist für das Management und die Rentabilität des Unternehmens verantwortlich. Ob er in seiner Rolle jedoch wirklich die Kontrolle über die Firma hat, hängt nicht allein von seinen akademischen Qualifikationen und Erfahrungen ab. Es kommt auch darauf an, wo sich das Chefbüro innerhalb des Firmengebäudes befindet und in welchem Raumbereich der Chef oder die Chefin sitzt. Sie sollten die sogenannte »Kontrollposition« innehaben, die in diesem Kapitel anhand von Beispielen erläutert wird. Dieses wertvolle Wissen ist in den meisten Unternehmen jedoch so gut wie unbekannt.

Häufig habe ich festgestellt, daß ein hocheffektives Management, das für die Rentabilität des Unternehmens sorgt, seine Räume in der Kontrollposition hat.

Der Raum, den ein Firmenchef oder Manager belegt, macht in gewissem Sinne das psychologische und spirituelle Kommando aus. Wenn der Raum dem Firmenchef oder Abteilungsleiter nicht die vollständige Kontrolle ermöglicht, fehlt ihm die volle Unterstützung durch seine Mitarbeiter. Sie ist jedoch unbedingt erforderlich, um ein produktives Team zu schaffen.

Ich habe erlebt, daß der Chef einer großen deutschen Firma mit einem Umsatz von mehreren Millionen Mark von seinen Abteilungsleitern nicht respektiert wurde. Eine zehnminütige Einweisung im Rahmen einer Feng-Shui-Beratung und eine neue Sitzposition im Büro brachten ihm eine zu 100 Prozent effektive Kontrolle. Eine Neustrukturierung der Firma wurde dadurch möglich.

Die Lage des »Kommandozimmers«

Es gilt die Feng-Shui-Regel, daß der Raum, der diagonal am weitesten vom Haupteingang entfernt liegt, die Führungskräfte am stärksten unterstützt; wir wollen ihn hier »Kommandoraum« nennen. Darüber hinaus wird das Büro nach den acht Lebenszielen, dem Türanschlag, der genauen Position des Schreibtisches usw. bewertet.

Die nachfolgenden Abbildungen 8.1–8.8 zeigen unterschiedliche Büroeinteilungen mit den Kommandoräumen in verschiedenen Bereichen.

Sitzposition der Führungskraft — Kapitel 8

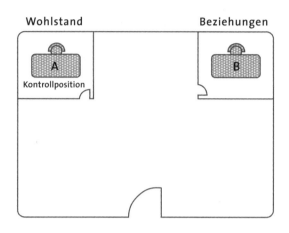

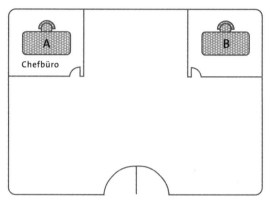

Abbildung 8.1: Hier hat das Büro A die Kontrollposition. Man beachte, daß die Bürotür A und die Haupteingangstür diagonal zueinander liegen. In den Raum A fließt mehr kosmisches Qi und Sauerstoff ein als in Büro B. Nach dem System der acht Lebensziele liegt er außerdem im Wohlstandsbereich des Grundrisses. Raum A wäre für eine Führungskraft günstig.

Abbildung 8.3: Die Haupteingangstür läßt sich zu beiden Seiten öffnen. Der Firmenchef oder ein älterer Mitarbeiter sollten in Raum A sitzen, da sich dort nach den acht Lebenssituationen auch der Wohlstands- und Reichtumsbereich des Bürotrakts oder des gesamten Gebäudes befindet, was den Gewinn fördert.

Raum B liegt auf diesem Büroplan im Beziehungsbereich. Der Personalchef sollte in Raum B sitzen, um für gute Beziehungen innerhalb der Firma zu sorgen. Wenn sich der Firmenchef in Raum B aufhält, hat die Firma wahrscheinlich ein gutes Betriebsklima und gute Beziehungen zu den Kunden. Weil der Chef in diesem Büro aber zuviel Zeit mit PR-Arbeit verbringt, macht die Firma weniger Gewinn.

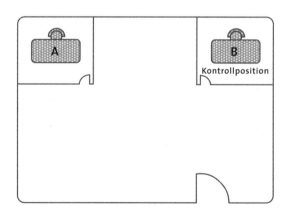

Abbildung 8.2: Raum B liegt in der Kontrollposition. Wer sich hier aufhält, profitiert von mehr Qi und kann die Tür ungehindert einsehen.

Kapitel 8 Die Kontrollposition

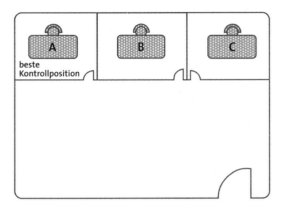

Abbildung 8.4: Die beste Kontrollposition ist A, es folgen B und C. Der Raum, der diagonal am weitesten vom Haupteingang entfernt liegt, ist für die Firmenleitung am günstigsten. Raum A ist der beste Raum für einen Chef, dessen Priorität ein guter Profit ist. Wenn der Chef Raum B belegt, wäre die Firma zwar bekannt, würde aber nicht sehr viel Profit machen, da sich Raum B im Ruhmbereich des Bürogrundrisses befindet. Raum B wäre auch für einen älteren Angestellten geeignet.

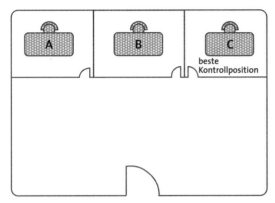

Abbildung 8.5: Raum C hat die beste Kontrollposition, da man von hier aus den besten Blick zur Haupteingangstür hat. Auch wenn Raum A über eine gute Kontrollposition verfügt, dringt wegen des ungünstigen Türanschlags nur wenig Qi vom Haupteingang ein. Ohne eine ausreichende Menge an gutem Qi kann die Person in Raum A keine guten Leistungen erbringen oder die richtigen, von der Intuition geleiteten Entscheidungen treffen.

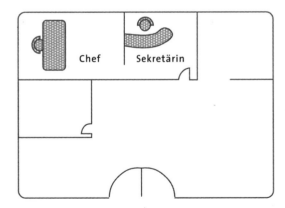

Abbildung 8.6: In diesem Beispiel leitet eigentlich die Sekretärin, die im »Ruhmbereich« sitzt, die Firma. In der Realität kommt das übrigens ganz und gar nicht selten vor.

DAS CHEFBÜRO **Kapitel 8**

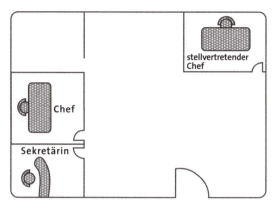

Abbildung 8.7: Eigentlich führt der stellvertretende Chef das Unternehmen. Das Chefzimmer selbst befindet sich nach den acht Lebenszielen im »Familienbereich« und zu nahe an der Haupteingangstür, wo es viele Störungen gibt. Dieser Einfluß läßt den Chef mehr Interesse an seiner Familie und den allgemeinen Familienbeziehungen zeigen als an der effektiven Kontrolle und am Firmenmanagement.

Abbildung 8.8: Wenn sich das Chefbüro in einem Stockwerk unterhalb des Büros eines Untergebenen befindet, wird der Chef selbst zum Untergebenen. In dieser Position hat er nicht das volle Kommando und den nötigen Respekt, um die Firma effektiv zu managen. Der Chef kann nicht auf die vorbehaltlose Kooperationsbereitschaft seiner Mitarbeiter zählen.

Fallbeispiel

Der Geschäftsführer eines amerikanischen Unternehmens (Umsatz: 150 Millionen Dollar) hatte häufig Probleme, sich Respekt zu verschaffen oder die Zustimmung seiner sechs Abteilungsleiter zu seinen Strategieplänen zu erhalten. Eigentlich war er ein sehr fähiger und effektiv arbeitender Mann und hatte gut begründete und erfolgversprechende Pläne. Trotzdem mußte er oft viel Zeit aufwenden, um seine Vorschläge darzulegen und seine Abteilungsleiter um die Ausführung zu bitten.

Es wurde untersucht, ob die Probleme zwischen dem Geschäftsführer und seinen Abteilungsleitern persönliche oder andere Gründe hatten. Die Hauptursache für den mangelnden Respekt gegenüber dem Geschäftsführer war ein jedoch ein Feng-Shui-Problem. Die nachfolgende Abbildung 8.9a zeigt die Lage des Büros und die Sitzposition des Geschäftsführers. Beachten Sie, daß das Büro nicht in der Kontrollposition liegt. Es befindet sich zu nahe am Eingang, der Chef wird daher ständig abgelenkt. Sein Tisch steht so, daß er zwar den Ausblick aufs Meer genießen und die Schiffe und Boote beobachten kann, aber keine Kontrolle über die Firma hat.

Kapitel 8 Die Kontrollposition

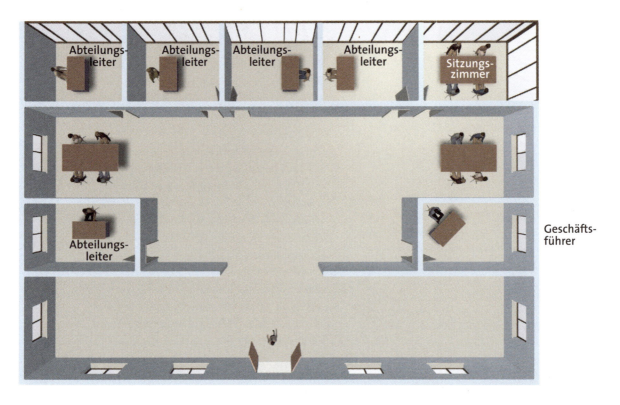

Abbildung 8.9a: Die ursprüngliche Lage des Büros des Geschäftsführers.

Feng-Shui-Maßnahmen für das Büro des Geschäftsführers Die beste Position war der Raum A in der linken Ecke, der von einem seiner Abteilungsleiter besetzt war. Das Büro des Geschäftsführers wurde daher in den Bereich B des Gebäudes verlegt. B steht für den Beziehungsbereich, der die Beziehungen zwischen ihm und den Abteilungsleitern verbessern soll. Unmittelbar hinter ihm wurde eine massive Trennwand aufgestellt, um eine feste Rückendeckung zu gewährleisten und starke Energieverluste über die Glaswand zu unterbinden. Eine robuste »Geldpflanze« (Portulacaria afra) wurde in Ecke B gestellt, um den Wohlstand zu fördern und die Beziehungen zu den Mitarbeitern zu verbessern.

Eine weitere buschige Pflanze wurde im Bereich C aufgestellt, um das über die Tür einfließende günstige Qi abzubremsen, damit es nicht sofort über die Glaswand entweicht.

DAS CHEFBÜRO **Kapitel 8**

Der Brunnen im Zentrum der Büroetage zieht mehr Qi-Energie herein; die massive Trennwand im Bereich D verlangsamt den einströmenden Qi-Fluß und lenkt ihn in das Büro der Abteilungsleiter. Das Sitzungszimmer befindet sich nun im günstigsten Kommandobereich in A, damit der Chef gute Entscheidungen treffen kann.

Nach der Umsetzung der Feng-Shui-Maßnahmen wurde der Chef wirklich als Firmenleiter akzeptiert und konnte mit der vollen Kooperationsbereitschaft und Unterstützung seiner Abteilungsleiter sowie des Vorstands rechnen. Als weiteres Resultat der Feng-Shui-Maßnahmen stiegen der Umsatz und die Rentabilität des Unternehmens in den darauffolgenden zwei Jahren um mehr als 50 Prozent.

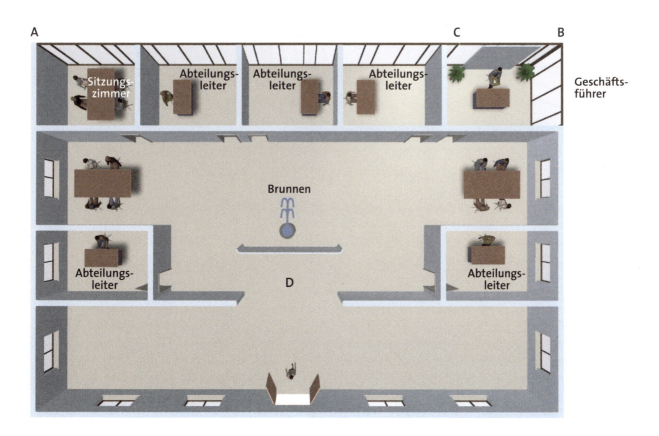

Abbildung 8.9b: Das Chefbüro wird in den Bereich B verlegt.

Kapitel 8 — Die Kontrollposition

Die Wahl des richtigen Sitzplatzes bei Verhandlungen und Vorträgen

Nach den Prinzipien des Feng Shui kann man einen günstigen Sitzplatz wählen, auf dem man beispielsweise in der Lage ist, jemandem etwas zu verkaufen, selbst wenn er dieses Produkt nicht unbedingt benötigt. Setzt man sich in diese Kontrollposition, kann man auch einen Vorgesetzten oder Untergebenen leichter von Ideen und Projekten überzeugen, um dessen volle Unterstützung bei der Projektumsetzung zu erhalten.

In den letzten 30 Jahren konnten die Chinesen, Japaner und Südkoreaner in Verhandlungen mit den Amerikanern und Europäern häufig sehr gute Ergebnisse erzielen. Sie wußten intuitiv, welches die mächtigsten Kontrollpositionen im Sitzungszimmer waren. In einem Sitzungszimmer oder einem Konferenzsaal gibt es immer einen besten Platz, auf dem man sitzen oder stehen sollte, um sicherzustellen, daß man das Sagen hat. Ich bezeichne diese Position als die »Position des Oberbefehlshabers«.

Selbst wenn ein sehr junger Mitarbeiter in einem Verhandlungsteam in dieser Position sitzt, wird ihm für alles, was er sagt, Respekt gezollt werden. Wenn Sie als Führungskraft eines Verhandlungsteams die Kontrollposition innehaben, weniger sprechen und aufmerksamer zuhören, sind Sie gewöhnlich in der Lage, mit Ihren Einsichten und Ideen das Sitzungsergebnis maßgeblich zu beeinflussen und in hohem Maße davon zu profitieren.

Wie man die Kontrollposition des Sprechers oder Vorsitzenden bestimmt

Sehr häufig schreiben wir dem Vorsitzenden oder Sprecher den Erfolg einer Sitzung zu, aber selten fragt man sich, warum dieser so wirkungsvoll handeln konnte. Ich habe Verhandlungen und Besprechungen in den unterschiedlichsten Räumen mit demselben Vorsitzenden erlebt. Nicht immer verlief alles reibungslos, selbst wenn dieselben Teilnehmer anwesend waren. In einigen schwierigeren und scheinbar unmöglichen Sitzungen gelang es dem Vorsitzenden, auf geschickte Art und Weise hervorragende Ergebnisse zu erzielen. Bei anderen Treffen mit einer scheinbar einfachen Tagesordnung tauchten dagegen unerwartete Hindernisse auf.

Als mir dieses Phänomen erstmalig vor 30 Jahren auffiel, war ich erstaunt und fragte mich nach den Ursachen. Ich hatte den starken Wunsch, eines Tages Firmenchef eines großen Unternehmens und Vorsitzender einer Organisation zu sein, in der ich auch die Sitzungen leiten würde. Ich wußte aus meinen Beobachtungen, daß ein Vorsitzender, der effektiv arbeitet, geschäftlich mehr erreicht und sich damit den Respekt des Teams und der Kollegen verdient.

Als ich mich mehr mit Feng Shui beschäftigte, entdeckte ich viele Phänomene, welche die Leistung derjenigen beeinflussen, die eine Sitzung leiten, einen Vortrag halten, ihre Idee oder ihr Projekt präsentieren. Als ich diese Dinge weiter beobachtete und hinterfragte, erkannte ich sehr klar zwei Faktoren, welche die Leistung eines Vortragenden oder Vorsitzenden beeinflußten.

Um eine Sitzung erfolgreich zu leiten, sollte der Vorsitzende mit den Abläufen gut vertraut sein und persönliches Charisma besitzen. Diese Faktoren machen allerdings nur 70 Prozent des Erfolges aus. Die restlichen 30 Prozent werden dadurch bestimmt, wie das Sitzungszimmer gestaltet ist, wo die Tür liegt und wo der Vorsitzende sitzt. Diese häufig unbekannte psychologische Kontrollposition bestimmt darüber, ob der Vorsitzende in der Lage ist, die Aufmerksamkeit der Hörerschaft zu gewinnen.

In einer Sitzung ist die Person des »Oberbefehlshabers« mit dem ranghöchsten Offizier einer Armee vergleichbar. Er fordert den Respekt der anderen ein und hat entscheidenden Einfluß auf das Resultat der Sitzung. Es gibt zahlreiche Regeln, um festzustellen, wo sich diese Position und fünf weitere Vorteilspositionen befinden. Hier einige Richtlinien:

1. Die Kontrollposition befindet sich in dem Raum, der am weitesten von der Haupteingangstür entfernt liegt. Vor dort aus sollte man der erste sein, der einen Hereinkommenden sieht. Auch das Tischende sollte sich an dieser Stelle befinden.
2. Hinter der Kontrollposition sollte sich eine feste Wand befinden, damit die Person eine gute Rückendeckung genießt.
3. Von dieser Position aus sollte man zur Tür des Büroraums sehen können.
4. Im Idealfall blickt man gleichzeitig in Richtung Haupteingangstür, auch wenn diese Tür durch dazwischenliegende Wände nicht direkt sichtbar ist.

In den folgenden Abbildungen werden die besten Kontrollpositionen gezeigt. Wenn Sie nicht der Chef oder der Vorsitzende sind, haben Sie vielleicht nicht das Glück, auf diesem Platz zu sitzen. Es gibt jedoch noch weitere günstige Sitzpositionen, die in den nachfolgenden Abbildungen erläutert werden.

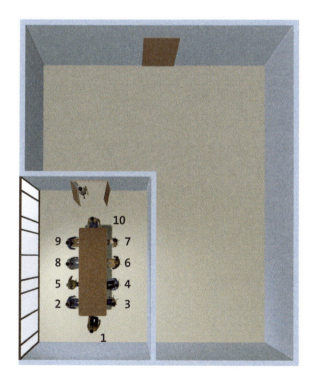

Abbildung 8.10: Die Nr. 1 hat bei dieser Sitzung die einflußreichste Position, die Nr. 10 hat die ungünstigste Position, da sie mit dem Rücken zur Tür sitzt.

Kapitel 8 Die Kontrollposition

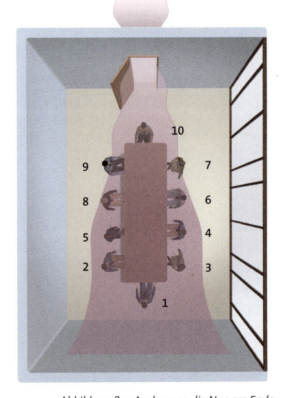

Abbildung 8.11: Auch wenn die Nr. 1 am Ende des Tisches die Kontrollposition ist, wird sie durch die direkte subtile »Energieattacke« von der Tür aus geschwächt.

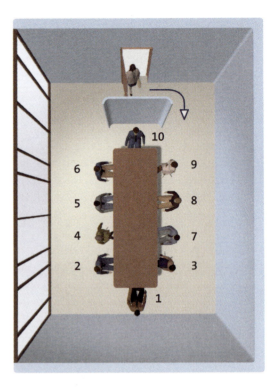

Abbildung 8.12: Feng-Shui-Maßnahme zu Abbildung 8.11: Zwischen Tür und Konferenztisch steht eine Stellwand. Beachten Sie, daß sich mit dieser Maßnahme auch die Sitznumerierung im Vergleich zu Abb. 8.11 verändert hat.

DAS SITZUNGSZIMMER **Kapitel 8**

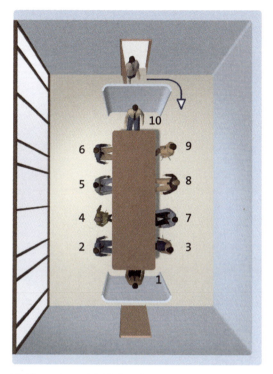

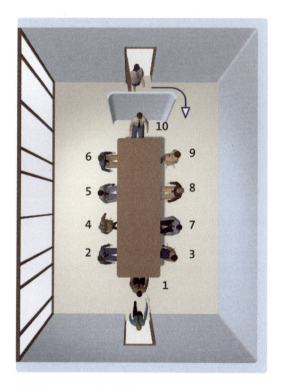

Abbildung 8.14: Abhilfe für Abbildung 8.13: Eine massive Stellwand zum Beispiel aus Holz wird hinter Nr. 1 aufgestellt. Die Tür im Rücken von Nr. 1 wird während der Sitzung abgeschlossen.

Abbildung 8.13: Die Rückendeckung der Position Nr. 1 wird durch die Tür im Rücken geschwächt. Diese Situation finden wir häufig in den Konferenzräumen von Hotels. Wenn der Vorsitzende diese Position einnimmt, kann er während der Sitzung nicht sehr effektiv arbeiten.

Kapitel 8 Die Kontrollposition

Günstige und ungünstige Sitzpositionen im Sitzungszimmer Die folgenden Beispiele sollen bei der Wahl der besten Sitzpositionen helfen.

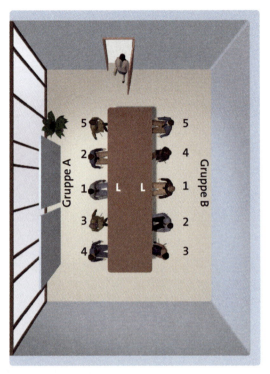

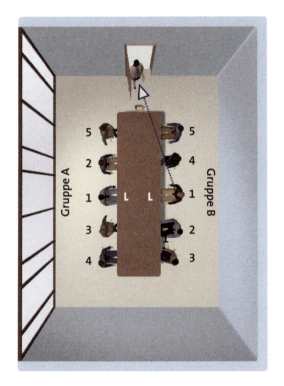

Abbildung 8.15: Wenn sich beide Gruppen jeweils mit dem Leiter (L) in der Mitte gegenüber sitzen, befinden sich die besten Kontrollpositionen auf der rechten Seite des Saals, von wo aus die Gruppe B die Hereinkommenden leicht sehen kann. Da sich die Tür zur Gruppe B hin öffnet, profitiert sie auch von mehr belebendem Qi und Sauerstoff. Die Sitzpositionen sind von 1 bis 5 numeriert. Nr. 1 ist hier die beste und Nr. 5 die am wenigsten vorteilhafte Position.

Abbildung 8.16: Auch wenn Gruppe A die scheinbar bessere Sitzposition hat, ist ihre Rückendeckung geschwächt, weil sie mit dem Rücken zum Fenster sitzt, selbst wenn Vorhänge vorhanden sind. In diesem Fall hat Gruppe B mit der festen Wand im Rücken die bessere Position, sie bekommt mehr Unterstützung und hat somit Vorteile gegenüber A. Die Nummern 1 bis 5 zeigen die Reihenfolge der günstigen Sitzpositionen an. Maßnahme: Hinter der Sitzreihe von Gruppe A werden Stellwände und Pflanzen aufgestellt.

Zusammenfassend ist zu sagen, daß die effektivste Position, in welcher der Vorsitzende respektiert und unterstützt wird, sich dort befindet, wo er Hereinkommende als erster sehen kann. Als Rückendeckung dient eine feste Wand oder eine massive Stellwand hinter dem Sitzplatz. Wer hier sitzt, fühlt sich geschützt, sicher und stabil und strahlt Vertrauen aus. In dieser Position hat der Vorsitzende die vollständige Kontrolle über die Sitzung und den Sitzungsraum und ist effektiv in der Lage, die Vorgänge zu lenken.

Außerdem ist es sinnvoll, wenn sich die Eingangstür auf der Rückseite des Raums befindet, damit die Teilnehmer nicht abgelenkt werden, wenn jemand hereinkommt oder hinausgeht. Statt dessen können sie dem Vorsitzenden bzw. Redner ihre volle Aufmerksamkeit schenken.

Die Gestaltung von Seminar- und Vortragsräumen

Das 21. Jahrhundert ist ein Zeitalter des Wettbewerbs. Aktuelle Informationen und Geschäftswissen sind für Produktivität und Erfolg sehr bedeutend. Für Führungskräfte ist es daher wichtig, mit Hilfe von Seminaren und Workshops mit neuen Entwicklungen und Innovationen Schritt zu halten.

In den letzten fünf Jahren habe ich in fünfzehn Ländern etwa 80 Vorträge gehalten. Dabei habe ich festgestellt, daß 70 bis 80 Prozent der Konferenz- und Sitzungsräume schlecht und unzweckmäßig gestaltet sind. Die meisten Sitzordnungen sind so ungünstig, daß die Vortragenden keine effektive Kontrolle und nicht die volle Aufmerksamkeit ihrer Zuhörer haben. Je nachdem, wo sich die Tür befindet, kann die Zuhörerschaft ständig von den gelegentlich Hereinkommenden abgelenkt werden.

Vor zwei Jahren wurde ich gebeten, in Europa einige gute Seminarräume für 150 bis 300 Teilnehmer auszuwählen. Ich sah mir 80 Räumlichkeiten in Deutschland, Österreich und der Schweiz an – und nur drei davon entsprachen in etwa den Erfordernissen.

Hotels und Konferenzorganisationen sollten verstärkt auf die Bedürfnisse der Vortragenden und Seminarleiter eingehen. In Europa und Nordamerika gäbe es große Investitionsmöglichkeiten für Sitzungs- und Konferenzräume, die nach Feng-Shui-Prinzipien gestaltet sind.

Die folgenden Illustrationen zeigen einige positive und negative Beispiele für Sitzungszimmer und Vortragssäle.

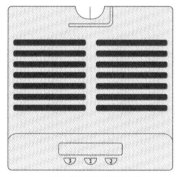

Sprecher / Vortragende

Abbildung 8.17: Günstige Anordnung für den oder die Sprecher. Die Zuhörer sind aufmerksamer und können die Informationen leichter aufnehmen, denn sie sitzen mit dem Rücken zur Tür.

Kapitel 8 Die Kontrollposition

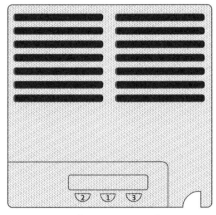

Sprecher/Vortragende

Abbildung 8.18: Ungünstige Raumgestaltung. Der Vortragende wird vom Publikum »kontrolliert« und ermüdet leicht. Die Zuhörerschaft kann einerseits die Tür einsehen und wird andererseits ständig durch Hereinkommende oder Hinausgehende gestört. Die Diskussion und Lösungsfindung wird erschwert, die Menschen sind gereizter.

Sprecher / Vortragende

Abbildung 8.19: Ungünstige Lage der Tür. Für eine Konferenz ist dieser Saal ungeeignet. Der Vortragende kann nur die eine Hälfte der Teilnehmer kontrollieren, die nicht die Tür einsehen kann. Durch die seitliche Tür werden die Teilnehmer vom Hereinkommenden oder Hinausgehenden zu stark abgelenkt.

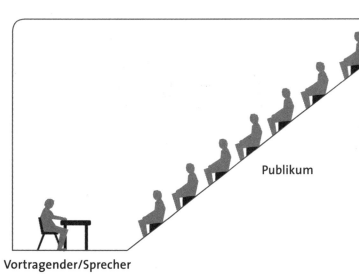

Abbildung 8.20: Eine ungünstige Anordnung. Diese Einrichtung beeinträchtigt die Unterrichtsqualität. Die Zuhörerschaft schaut von oben herab und dominiert den Vortragenden. Sie kann leicht die Diskussion lenken, wodurch zweideutige Resultate erzielt werden. Viele Hörsäle an der Universität sind so eingerichtet. Wenn Studenten auf diese Weise den Professor kontrollieren, sind sie freier im Selbstausdruck, während er eine eher untergeordnete Rolle einnimmt.

POSITION DES SPRECHERS **Kapitel 8**

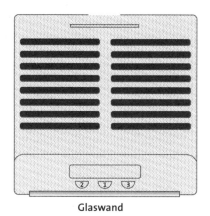

Abbildung 8.21: Ungünstige Gestaltung eines Konferenzsaales.

Die Standardmaßnahme für Abbildung 8.21 ist eine mindestens zwei Meter breite massive Stellwand, die zwischen Fenster und Sprecher aufgestellt wird und seine Standfestigkeit gewährleistet (siehe Abbildung 8.22). Wenn jemand häufig und lange in dieser Art von Saal Vorträge hält, wird er bald völlig ermüdet sein und muß sich sehr darum bemühen, das Publikum zu überzeugen. Viele erfahrene Referenten haben mir bestätigt, daß sie in solchen Räumen den Eindruck haben, sie würden von den Zuhörern ausgelaugt.

In dieser Abbildung scheint der Referent die volle Aufmerksamkeit der Hörer zu besitzen, in Wirklichkeit ist seine Kontrolle aber nur unzureichend. Die Glaswand im Rücken erzeugt einen Energiesog nach außen und schwächt seine Position. Das ist so, als ob der Referent auf einem Stuhl mit schwacher Lehne und wackligen Beinen sitzt. Durch die fehlende Rückendeckung fehlt ihm auch das Selbstvertrauen.

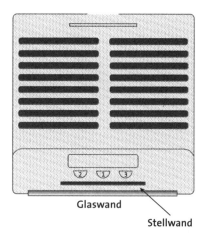

Abbildung 8.22: Feng-Shui-Maßnahme zu Abbildung 8.21. Eine massive Stellwand stärkt den Rücken des Vortragenden.

Kapitel 9

Weitere Regeln für den beruflichen Erfolg

Kapitel 9 Die Rückendeckung

Weitere Regeln für den beruflichen Aufstieg

Der berufliche Aufstieg läßt sich durch einige grundlegende Faktoren fördern. Dazu gehören, wie in den vorigen Kapiteln beschrieben, eine stabile Rückendeckung, die richtige Kontrollposition, die Vermeidung des »Großherzog Jupiter« sowie die günstige Himmelsrichtung für Sitzplatz und Büro.

Die Größe des Büros
Man glaubt allgemein, es spiele keine bedeutende Rolle, an welcher Stelle man im Büro sitzt – es sei eher wichtig, ein großes Büro zu haben, um Eindruck zu machen. Je größer also das Büro, desto größer das Ego und die damit verbundene Macht und Autorität? Daß die psychologischen und spirituellen Aspekte in Wirklichkeit von weitaus größerer Bedeutung sind, wird nur selten verstanden und berücksichtigt.

Die Größe eines Büros verleiht niemandem wirkliche Macht oder die Kontrolle über seine Arbeit, das Arbeitsteam oder dessen Leistungen. Die tatsächliche und oft ausschlaggebende, subtile Kontrolle hängt von der Sitzposition ab und davon, inwieweit man mit diesem Platz harmoniert.

Wenn Sie engagiert und fortschrittlich sind, sollten Sie im Büro zunächst einmal in der Kontrollposition sitzen, um auf der physischen, emotionalen und psychischen Ebene die volle Kontrolle zu haben. Auf dieser Position arbeiten Sie entspannter, konzentrierter und können sachlich aber auch intuitiv Entscheidungen treffen. Ebenso verbessern sich die Aussichten auf einen beruflichen Aufstieg.

Wenn Sie Ihre Leistungen und Ihren Erfolg noch weiter steigern wollen, sollten Sie sich nach den folgenden Regeln richten, die hier der Wichtigkeit nach geordnet sind und in Beispielen erläutert werden:
• Sie müssen in der »Kontrollposition« sitzen.
• Wenn Sie geradeaus schauen, dürfen Sie nicht in die Richtung blicken, in der sich der »Großherzog Jupiter« befindet.
• Hinter Ihrem Rücken muß sich eine feste Wand befinden.
• Ihr Arbeitsplatz sollte sich nach dem Ost-West-System in einer günstigen Himmelsrichtung befinden, gleichzeitig sollten Sie in eine für Sie günstige Himmelsrichtung blicken. Die Zimmertür sollte in einer Ihrer vier besten Richtungen liegen.

Regel 1: Sie müssen in der Kontrollposition sitzen
Die folgenden Abbildungen zeigen einige günstige Sitzpositionen.
Ungünstige Sitzpositionen Vermeiden Sie die folgenden ungünstigen Sitzplätze:
1. Sitzen Sie nicht mit dem Rücken zur Tür.
2. Sitzen Sie nicht direkt in der »Türlinie«.
3. Vermeiden Sie einen Sitzplatz in unmittelbarer Nähe des Fensters.
Arbeitsraumteilung Auch wenn sich zwei oder mehrere Personen ein Büro teilen, ist es wichtig, eine gute Sitzposition zu wählen, um den beruflichen Aufstieg zu sichern.

GÜNSTIGE SITZPOSITION **Kapitel 9**

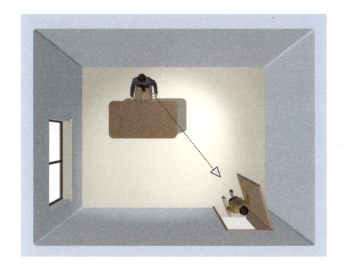
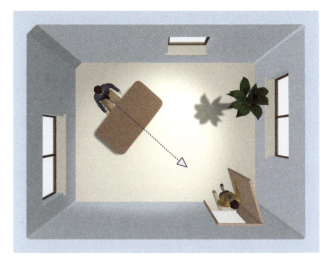
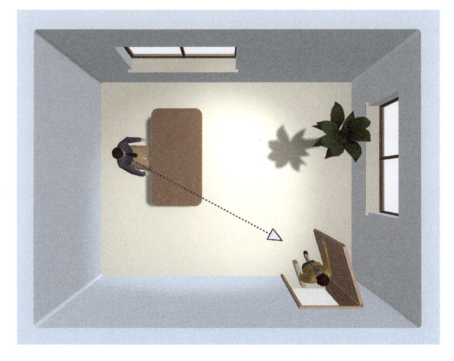

Abbildung 9.1 (links oben): Eine gute Sitzposition. Die Person sitzt diagonal zur Tür und kann jederzeit sehen, wer hereinkommt. Hinter dem Schreibtisch befindet sich eine feste Wand.

Abbildung 9.2 (rechts oben): Eine gute Sitzposition, wenn die Zimmerecke hinter der Person abgerundet ist. Sind nach innen gerichtete Zimmerecken jedoch nicht abgerundet, löst die in die Ecke fließende Energie einen subtilen Sogeffekt aus, der die Person nach hinten zieht und damit aus dem Gleichgewicht bringt.

Abbildung 9.3 (links): Eine gute Sitzposition, wenn der Tisch mindestens einen Meter vom Fenster entfernt steht.

Kapitel 9 Die Rückendeckung

Regel 2: Blicken Sie nicht in Richtung des »Großherzog Jupiter«.

Nach den Aufzeichnungen des alten chinesischen Kaiserpalastes gab es eine Verordnung, die besagte, daß die obersten Beamten nicht in die Richtung blicken durften, in der sich der Planet Jupiter befand. Dadurch sollten Schwierigkeiten aller Art sowie größere Katastrophen vermieden werden. Der Planet Jupiter erhielt den Namen »Großherzog«, damit man ihm Respekt zollte.

Auf seiner Umlaufbahn um die Sonne verändert Jupiter jedes Jahr seine Position und steht immer in der Himmelsrichtung, die dem Tierkreiszeichen des aktuellen Jahres zugeordnet wird. Beispiel: 1996 stand der Großherzog im Jahr der Ratte im Norden. Im Jahr 2000, dem Jahr des Drachen, steht der Jupiter auf Ost-Südost.

Da vom Planeten Jupiter ein starker magnetischer Strahl ausgeht, sollten Sie im Büro nicht so sitzen, daß Sie direkt in diese Richtung blicken. In Experimenten habe ich festgestellt, daß die Testpersonen das Gefühl hatten, nicht im Gleichgewicht zu sein, leichter zu ermüden und mehr Fehler zu machen, wenn sie in Richtung des Jupiter blickten. Man kann dem Großherzog aber ohne weiteres den Rücken zuwenden.

Auch ist von Renovierungs-, Bau- und Erdarbeiten im Bereich der aktuellen Himmelsrichtung des Jupiter abzuraten. Wenn sich Jupiter beispielsweise im Jahr 2000 auf Ost-Südost befindet, sollten keine Renovierungsarbeiten oder Veränderungen im entsprechenden Bereich des Raumes, Büros, Gebäudes oder Grundstücks vorgenommen werden. Die Positionen des Großherzogs Jupiter finden Sie in der nachfolgenden Tabelle.

Jahr	Chinesisches Tierkreiszeichen	Kompaßrichtung
1995	Schwein	NNW
1996	Ratte	N
1997	Ochse	NNO
1998	Tiger	ONO
1999	Hase	O
2000	Drache	OSO
2001	Schlange	SSO
2002	Pferd	S
2003	Schaf	SSW
2004	Affe	WSW
2005	Hahn	W
2006	Hund	WNW
2007	Schwein	NNW
2008	Ratte	N
2009	Ochse	NNO
2010	Tiger	ONO
2011	Hase	O
2012	Drache	OSO
2013	Schlange	SSO
2014	Pferd	S
2015	Schaf	SSW
2016	Affe	WSW
2017	Hahn	W
2018	Hund	WNW
2019	Schwein	NNW
2020	Ratte	N

Tabelle 5: Die Positionen für den Planeten Jupiter.

Arbeitsraumteilung **Kapitel 9**

Regel 3: Hinter Ihrem Rücken muß sich eine feste Wand befinden

Dieser Punkt wurde bereits ausführlich im Kapitel 7 besprochen.

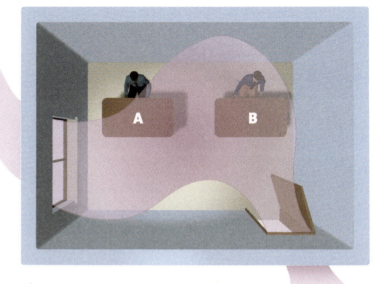

Abbildung 9.4: Die Sitzposition B ist durch die zur Tür hereinkommende Energie geschwächt. Position A wäre hier der bevorzugte Sitzplatz.

Energiefluß

Abbildung 9.5: Position B ist der geeignete Platz für eine schnelle Beförderung.

Abbildung 9.6: Position A ist ungünstig, da das Fenster die Rückendeckung schwächt. Besser ist Platz B, auch wenn hier der berufliche Aufstieg langsamer vonstatten geht.

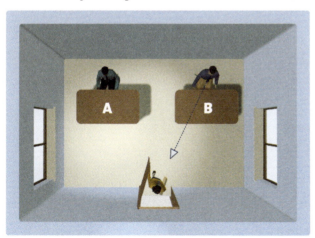
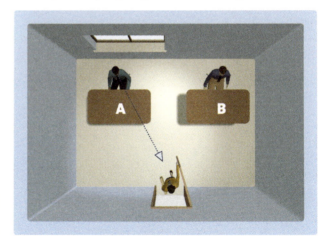

Kapitel 9 Die Rückendeckung

Abbildung 9.7: Dies ist der ungünstigste Sitzplatz im Büro. Viele Büroarbeiter sitzen aber gern hier. Sie haben in dieser Position jedoch keine Kontrolle über ihre Arbeit und ihr Schicksal, ziehen sich häufig zurück und sind keine guten Teammitglieder. Wer mit dem Rücken zur Tür sitzt, ist häufig nervös und macht eher Fehler. Der Blick nach draußen lenkt ab und mindert Konzentration sowie Effektivität der Arbeit. Stehen mehrere Kollegen zur Auswahl, hat diese Person nur geringe Chancen, befördert zu werden. Maßnahme: Der Schreibtisch wird so in den Bereich G gestellt, daß der Mitarbeiter mit dem Rücken zur Wand sitzt.

Abbildung 9.8: Diese Sitzposition ist etwas besser als in Abbildung 9.7, weil die Tür seitlich eingesehen werden kann. Sie wirkt sich jedoch ungünstig auf die Gesundheit der betreffenden Person aus. Mitarbeiter, die in der Türlinie sitzen, sind der direkten »Attacke« der einfließenden Energie ausgesetzt. Sie sind nervöser und können Herzprobleme bekommen, wenn sie länger als drei Jahre an einem solchen Platz sitzen.

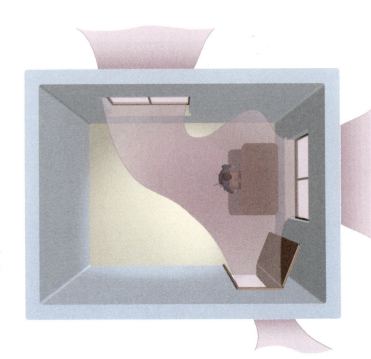

Energiefluß

Ungünstige Sitzpositionen Kapitel 9

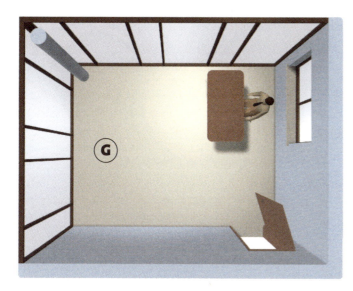

Abbildung 9.9: Eine äußerst ungünstige Position: Diese Person sitzt in der Türlinie, im Rücken befindet sich ein Fenster und an der Seite eine große Glaswand in einem Abstand von weniger als einem Meter. Wenn sie länger als drei Jahre an diesem Platz arbeitet, kann sie unter Herzproblemen und »Höhenangst« leiden – sie wird nervös und bekommt zittrige Hände. Diese Symptome können sich schneller entwickeln, wenn anstelle von Fenstern überall Glaswände vorhanden sind.
Maßnahme: Der Arbeitsplatz wird in den Bereich G verlegt, hinter dem Stuhl werden ein Schrank oder eine Stellwand gestellt, die bis zur Decke reicht.

Abbildung 9.10: Diese Sitzposition wirkt vorteilhaft, ist in Wirklichkeit aber ungünstig. Die in den Raum dringende Energie fließt direkt auf die Person zu und »schiebt« sie in Richtung Glaswand nach hinten. Da kosmische Energie und Sauerstoff Glaswände leicht durchdringen können, erzeugen sie beim Entweichen einen Sog nach draußen. Wer einige Wochen lang auf diesem Platz gesessen hat, neigt zu Herzproblemen und gerade in den oberen Stockwerken eines Gebäudes zu einer Art »Höhenkrankheit« – er ist nicht mehr im Gleichgewicht und kann sich nicht konzentrieren. Das führt zu fehlerhaften Entscheidungen und allgemein mangelnden Leistungen. Maßnahme: Der Schreibtisch wird in den Bereich G oder H verschoben, wobei im Bereich H hinter dem Stuhl ein massiver Schrank stehen muß, der bis zur Decke reicht. Im Bereich G wird der Schreibtisch so gestellt, daß die Person mit dem Rücken zur Wand sitzt.

Energiefluß

Kapitel 9 Die Rückendeckung

Regel 4: Die günstige Himmelsrichtung

Ihr Arbeitsplatz sollte sich nach dem Ost-West-System in einer günstigen Himmelsrichtung befinden, gleichzeitig sollten Sie in eine für Sie günstige Richtung blicken. Die Zimmertür sollte wenn möglich ebenfalls in einer Ihrer vier besten Himmelsrichtungen liegen.

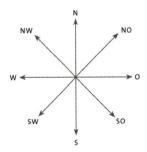

Abbildung 9.11: Hier sind die vier günstigsten Himmelsrichtungen einer Frau mit dem persönlichen Trigamm K'AN auf dem Grundriß des Büroraums eingezeichnet. Die Frau kann nun ihren Arbeitsplatz in einem der für sie günstigen Bereiche einrichten.

Neben der Kontrollposition und dem »Großherzog Jupiter« sind die günstigen persönlichen Himmelsrichtungen ein wesentlicher Faktor. Sie werden nach dem Ost-West-System bestimmt. Dieses System wurde von den alten taoistischen Meistern ausgearbeitet und beruht auf ihren Beobachtungen und astrologischen Gebäudeberechnungen. Je nachdem, in welche Himmelsrichtung ein Gebäude ausgerichtet ist, fließen unterschiedliche Arten und Qualitäten von Qi ein und verteilen sich in bestimmten Bereichen.

Aufgrund Ihres Geburtsjahrs können Sie nun ermitteln, zu welcher Gruppe Sie gehören und welche Himmelsrichtungen für Sie günstig sind. In diesen Bereichen sollte sich auch Ihr Platz im Büro befinden.

Wie wenden Sie das Prinzip der besten Himmelsrichtungen an, wenn Sie Ihren Schreibtisch im Büro an einen geeigneten Platz stellen möchten? An dieser Stelle soll anhand eines Fallbeispiels erklärt werden, wie Sie aufgrund der für Sie günstigen Richtungen die Position Ihres Schreibtisches bestimmen. Wie Sie Ihre persönlichen Richtungen finden sowie weitere günstige Bereiche innerhalb des Gebäudes bestimmen, erfahren Sie detailliert in Kapitel 10.

Zum Einstieg ein vereinfachtes Fallbeispiel: Eine Frau, Jahrgang 1950, hat das persönliche Lebenstrigramm K'AN (Trigramm). Die besten Himmelsrichtungen für K'AN sind in dieser Reihenfolge 1) Südosten, 2) Osten, 3) Süden und 4) Norden. Daher sollte diese Frau in ihrem Büro im Optimalfall im südöstlichen Bereich sitzen, der in der Abbildung 9.11 mit AA bezeichnet ist.

EINE OPTIMALE SITZPOSITION **Kapitel 9**

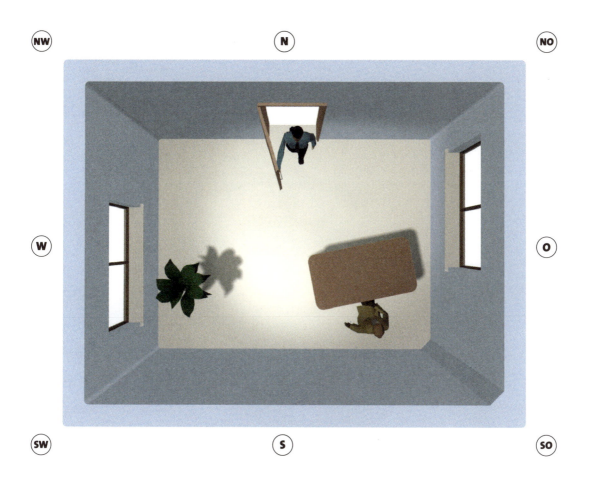

Abbildung 9.12: Äußerst günstige Sitzposition für eine Frau mit Jahrgang 1950.

Die Frau sitzt mit Blick zur Tür und hat eine feste Wand im Rücken. Der Bereich, in dem sie sich aufhält, liegt in ihrer besten Himmelsrichtung, im Südosten. Wenn sie zur Tür sieht, blickt sie gleichzeitig in ihre viertbeste Himmelsrichtung – nach Norden. Die Tür öffnet sich auch noch in ihre günstige Richtung – nach Südosten. Diese Sitzposition könnte man als die goldene »Jackpot-Position« bezeichnen. Ihr Wohlstand und der Respekt seitens der Kollegen und Kunden verstärken sich weiter, da sich ihr Arbeitsplatz nach dem System der acht Lebenssituationen in der »Reichtumsecke« befindet. Zusätzlich steht ein robuster »Geldbaum« (Portulacaria afra) mit vielen Blättern im Raum, um die Luft von Giftstoffen zu reinigen.

Anmerkung: Diese Sitzposition ist jedoch in den Jahren ungünstig, in denen der Großherzog Jupiter im Norden steht. In diesem Fall muß die Frau eine andere Blickrichtung wählen und ihren Schreibtisch neu ausrichten.

吉祥

Kapitel 10

Günstige Bereiche im Büro nach dem Ost-West-System

Kapitel 10 — Das Ost-West-System

Günstige Bereiche im Büro nach dem Ost-West-System

Ein Schlüsselfaktor im Business Feng Shui ist die Wahl des günstigsten »Kraftplatzes«, an dem man sitzt und arbeitet. Dieser auf die Einzelperson abgestimmte Bereich fördert die Gesundheit sowie persönliche Spitzenleistungen.

In diesem Kapitel wird erklärt, wie auch der Laie nach den Himmelsrichtungen des Ost-West-Systems die für ihn günstigsten Räume und Bereiche findet, damit er in Harmonie arbeiten, eine hohe Vitalität aufrechterhalten und erfolgreich sein kann.

Das Ost-West-System der acht Trigramme ist auch als *Ba-Tzai* oder System der *acht Häuser* bekannt und beruht auf dem alten chinesischen Bausystem des Kaiserpalastes. In alten Zeiten wurden die Paläste nach den Himmelsrichtungen und Jahreszeiten gebaut, so daß der Kaiser und seine Familie im Laufe des Jahres in verschiedenen für sie günstigen Räumen wohnen konnten. In Abbildung 10.1 sehen Sie die chinesische Kompaßscheibe, den *Lo'pan*, der noch heute verwendet wird, um die verschiedenen Bereiche zu bestimmen. Der Lo'pan ist hier in acht Sektoren von jeweils 45° eingeteilt. Jeder dieser Abschnitte zählt im Feng Shui als eigene Himmelsrichtung.

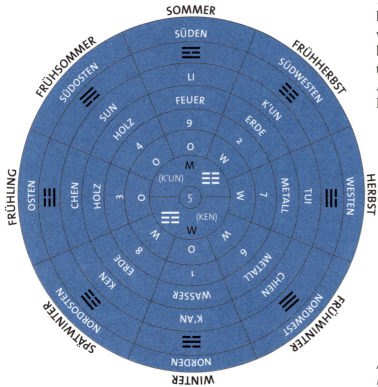

Abbildung 10.1: Eine einfache Form des chinesischen Kompasses, Lo'pan genannt.

Das Gebäudetrigramm **Kapitel 10**

Die Auswahl eines günstigen Bereiches erfolgt in den folgenden Schritten:

1. Das Trigramm des Gebäudes und die Lage der günstigen und ungünstigen Bereiche werden ermittelt.
2. Das persönliche Lebenstrigramm der betreffenden Person sowie deren günstige Himmelsrichtungen werden bestimmt.
3. Die günstigen Bereiche von Gebäude und Person sowie deren Elemente werden aufeinander abgestimmt.
4. Nachdem der günstigste Büroraum ausgewählt wurde, wird die genaue Position des Arbeitsplatzes festgelegt.

Wie man das Trigramm eines Gebäudes bestimmt

Um die günstigen Bereiche in Ihrem Gebäude zu bestimmen, müssen Sie als erstes feststellen, zu welchem Trigramm (im Chinesischen *Kua* genannt) das Gebäude gehört. Gehen Sie nun Schritt für Schritt vor, um das jeweilige Gebäudetrigramm zu bestimmen.

Stellen Sie fest, wo sich die »Sitzposition« des Gebäudes befindet Das Trigramm eines Gebäudes wird durch seine »Sitzposition«, das heißt durch die Himmelsrichtung bestimmt, in welche die Gebäuderückseite weist. Üblicherweise befindet sie sich parallel zur Gebäudefront. Die Abbildungen 10.2a–e zeigen, daß die Sitzposition immer gleich bleibt, auch wenn sich die Eingangstür in unterschiedlichen Bereichen auf der Vorderseite befindet und unterschiedlich ausgerichtet ist. In diesen Beispielen liegt sie immer im Süden.

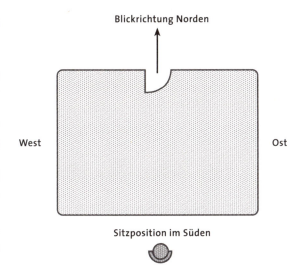

Abbildung 10.2a: Der Eingang befindet sich in der Mitte.

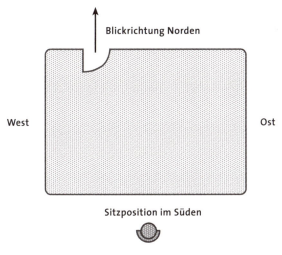

Abbildung 10.2b: Der Eingang befindet sich auf der Vorderseite links.

Kapitel 10 — Das Ost-West-System

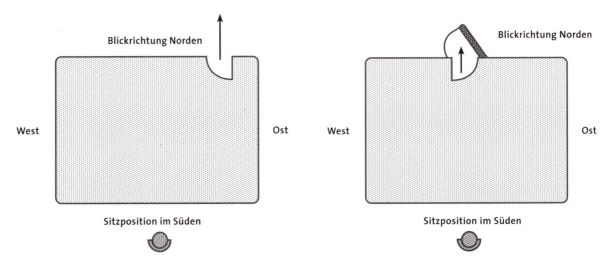

Abbildung 10.2c: Der Eingang befindet sich auf der Vorderseite rechts.

Abbildung 10.2e: Der Windfang zeigt nach Nordwesten. Die eigentliche Eingangstür ist nach Norden ausgerichtet, und die Sitzposition befindet sich weiterhin im Süden.

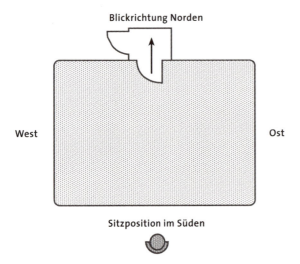

Abbildung 10.2d: Ein Gebäude mit Windfang, der nach Westen ausgerichtet ist, verändert nicht die Sitzposition und damit auch nicht das Trigramm des Gebäudes. Es zählt die eigentliche Eingangstür.

Bestimmen Sie die Himmelsrichtung der Sitzposition des Gebäudes Wir gehen davon aus, daß die Wände der Vorder- und Rückseite des Gebäudes parallel liegen. Deshalb können wir die Sitzposition des Gebäudes auch auf der Gebäudevorderseite ermitteln.

Üblicherweise wird daher das Haustrigramm mit Hilfe eines Kompasses im Bereich der Tür eingemessen. Dazu nehmen wir den Lo'pan oder einen herkömmlichen Kompaß, halten ihn von außen an die Tür und nehmen die erste Messung vor. Ein genaueres Ergebnis wird erzielt, wenn man zwei bis drei Kompaßmessungen in unterschiedlichen Abständen zur Tür vornimmt. Die nächste Messung wird in einem Abstand von einem Meter zur Tür vorgenommen, die dritte Messung in drei Metern Entfernung. Um ein korrektes Meßergebnis zu erzielen, sollte sich in der Nähe kein Beton und keine Gegenstände aus magnetischem Metall (Eisen, Stahl, Kobalt) befinden. Alle drei Meßergebnisse sollten identisch sein. Gibt es Abweichungen, so ist das möglicherweise auf Metalleinlagen in der Tür oder Bodenverstärkungen aus Stahl zurückzuführen. In diesem Fall ist eine weitere Messung im Abstand von etwa fünf Metern von der Eingangstür erforderlich. Bei modernen Gebäuden zeigen die letzten beiden Messungen normalerweise das gleiche Ergebnis und sind daher präziser als die ersten beiden Messungen in Türnähe. Eine weitere Möglichkeit besteht darin, zwei Messungen auf Höhe der Mitte der Gebäuderückseite und eine weitere Messung im Abstand von etwa drei Metern von der Rückwand entfernt vorzunehmen. Wenn die Messungen auf der Vorder- und Rückseite erhebliche Abweichungen aufweisen, sollten Sie sich an die Meßergebnisse auf der Gebäuderückseite halten. Einzelergebnisse, die besonders stark von den anderen abweichen, zählen nicht mit.

Bitte beachten Sie immer, daß das Meßergebnis des Kompasses abweicht, wenn sich im Umkreis von eineinhalb Metern Metalltreppen, Schienen, Gitter oder geparkte Autos befinden. Auch schwere Uhren aus Metall oder eine große Gürtelschließe können das Meßergebnis beeinträchtigen. Vermeiden sie es, Kompaßmessungen innerhalb eines modernen Gebäudes mit verstärkten Betondecken vorzunehmen, es sei denn, Sie verwenden einen kalibrierten Schiffskompaß. Ansonsten werden sie ebenfalls verfälschte Meßergebnisse erhalten. Störungen können zudem von elektrischen Leitungen, offen oder unter Putz verlegt, ausgehen.

Bestimmen Sie das zur Himmelsrichtung gehörige Trigramm Beispiel: Ihre Messung beträgt 5° Nord im Türbereich – der Blickrichtung des Gebäudes. Gegenüber befindet sich entsprechend die Sitzposition – in diesem Fall liegt sie auf 185° Süd. Da die Sitzposition das Trigramm bestimmt, gehört das Gebäude in unserem Beispiel zum LI-Trigramm.

Betrachten Sie nun auf der folgenden Seite die Kompaßscheibe in Abbildung 10.3d mit dem Trigramm LI (Feuerelement) in der Mitte. Die Scheibe ist in vier günstige Himmelsrichtungen (die als A-Bereiche bezeichnet werden) und vier ungünstige Himmelsrichtungen (D-Bereiche) unterteilt. Diese Unterteilungen können Sie auch bei den übrigen Kompaßscheiben erkennen.

Kapitel 10 — Das Ost-West-System

Die Trigramme der Ostgruppe
Günstige (A) und ungünstige Bereiche (D)

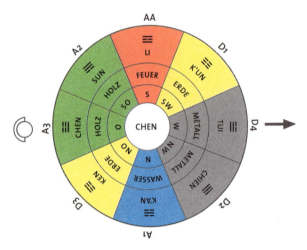

Abbildung 10.3a: Das Trigramm CHEN

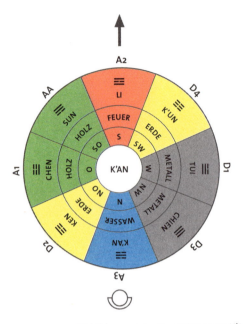

Abbildung 10.3c: Das Trigramm K'AN

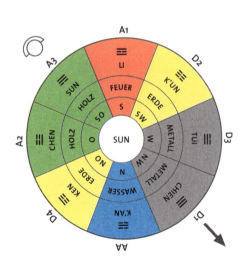

Abbildung 10.3b: Das Trigramm SUN

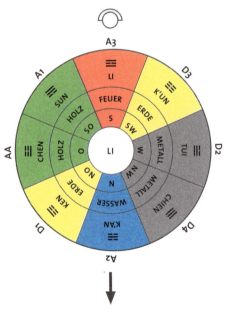

Abbildung 10.3d: Das Trigramm LI

Die Trigramme der Westgruppe
Günstige (A) und ungünstige Bereiche (D)

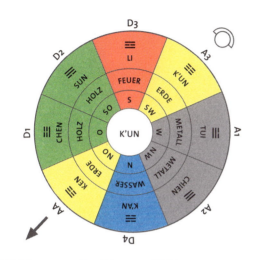

Abbildung 10.3e: Das Trigramm K'UN

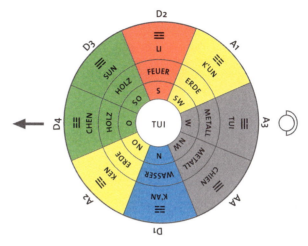

Abbildung 10.3g: Das Trigramm TUI

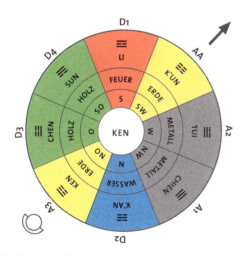

Abbildung 10.3f: Das Trigramm KEN

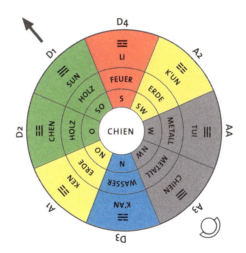

Abbildung 10.3h: Das Trigramm CHIEN

Kapitel 10 DAS OST-WEST-SYSTEM

Grundsätzlich gilt, daß sich der Eingang und die am häufigsten genutzten Räume in A-Bereichen befinden sollten. Räume in D-Bereichen sollten weniger genutzt werden, zum Beispiel als Lager, Abstellräume und Toiletten.

Fahren wir mit unserem Beispiel fort: Die Kompaßscheibe mit den Bewertungen für das LI-Trigramm wird nun auf das Gebäude übertragen (siehe Abbildung 10.4). Die vier mit A bezeichneten Bereiche sind günstig, die mit D bezeichneten ungünstig. Bei einem LI-Gebäude liegt der günstigste Bereich (AA) im Osten.

Die Tür befindet sich im Bereich A2 und liegt damit günstig. Es wäre gut, wichtige Büroräume im Osten (AA), Südosten (A1) und Süden (A3) einzurichten. Die besten Bereiche für Lager, Toilette oder weniger wichtige Büros sind die D-Bereiche. Insbesondere der ungünstigste Bereich D4 sollte für Abstellräume oder Toiletten verwendet werden.

Für eine genauere Interpretation finden Sie in den nachfolgenden Tabellen Stichwörter für die einzelnen A- und D-Bereiche.

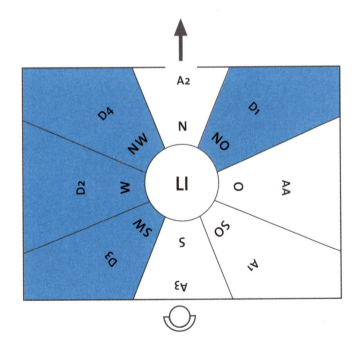

Abbildung 10.4: Ein Gebäude mit LI-Trigramm und den entsprechenden Bereichsbewertungen. Die Sitzposition des LI-Gebäudes befindet sich im Süden, die Blickrichtung ist Norden.

GÜNSTIGE BEREICHE **Kapitel 10**

Kurz-bezeichnung	Punkte-bewertung	Chinesische Bezeichnung	Interpretation/ Auswirkungen
AA	+80	SHENG QI	Sheng Qi bedeutet hochvitalisiertes Qi. Günstiger Bereich für die Haupteingangstür, den Arbeitsplatz und Sitzbereich. Verstärkt eine gute Intuition und den beruflichen Erfolg. *Große Errungenschaften und Glück.*
A1	+70	TIEN YI	Tien Yi bedeutet wörtlich »Himmlischer Arzt«. Dieser Bereich bietet heilendes und liebevolles Qi. Verstärkt werden eine gute Gesundheit, Heilung und Sicherheit. *Guter Erfolg, gute Gesundheit, Überfluß, verläßliche Mitarbeiter und Freunde.*
A2	+60	YIEN NIEN	Yien Nien steht für Zeitgewinn, Langlebigkeit und Nachkommenschaft. Gut für Beziehungen, Managementpotentiale und Karriere. *Gutes Einkommen sowie berufliche und familiäre Harmonie.*
A3	+55	FU WEI	Fu Wei steht für persönliches Wachstum. Dieser Bereich stärkt die persönlichen Fähigkeiten für ein Fortkommen im Beruf sowie entwicklungsfähige Finanzen. *Die persönlichen Angelegenheiten werden gut geregelt.*

Tabelle 6: Interpretation der günstigen Bereiche.

Kapitel 10 Das Ost-West-System

Kurz-bezeichnung	Punkte-bewertung	Chinesische Bezeichnung	Interpretation/ Auswirkungen
D1	-60	WHO HAI	Who Hai weist auf eine größere Unfallneigung und Unglück hin. Wer diesen Bereich belegt, hat eher einen kleinen Unfall, kleinere Gerichtsverfahren und berufliche Probleme. *Disharmonie, kleine Probleme und mögliche Gerichtsverfahren.*
D2	-70	WU KUEI	Wu Kuei bedeutet Fünf Geister. Dieser Bereich kann unerwünschte Geister oder negative Energien anziehen. *Disharmonie, Streitigkeiten, Feuer und Einbrüche.*
D3	-85	LIU SHAH	Liu Shah bedeutet Sechs Leiden. Die Bewohner in diesem Bereich erleben Streitigkeiten, Trennungen/Scheidungen, Rechtstreitigkeiten und unrentable Geschäfte. *Unfallneigung, erfolglose Karriere, schlechte Einflüsse und Geldprobleme.*
D4	-90	CHUEH MING	Chueh Ming bedeutet vollständiger Verlust oder »lebensbedrohlich«. Verlust von Besitz, Unglück für männliche Kinder und Unglück im allgemeinen. *Mangel an Wohlstand, Verlust der Arbeit und schwere Gesundheitsprobleme.*

Tabelle 7: Interpretation der ungünstigen Bereiche.

Ungünstige Bereiche Kapitel 10

Im Feng Shui bestimmen wir die günstigen Bereiche, um sie zu unserem Vorteil nutzen zu können. Die A-Bereiche fördern unser Gleichgewicht sowie ganz allgemein die Harmonie. Wenn wir uns beispielsweise in einem Raum mit der Trigrammbewertung AA aufhalten, wird unsere Intuition und Entscheidungsfähigkeit gestärkt. Ungünstige Bereiche sollten andererseits vermieden werden. Für die Arbeit gilt folgendes Prinzip: Nutzen Sie die A-Bereiche häufiger und vermeiden Sie die D-Bereiche am besten ganz. Wenn das nicht möglich ist, sollten Sie einen D-Bereich sowenig wie möglich nutzen.

Betrachten Sie den Bereich, in dem sich die Eingangstür befindet Die Eingangstür des Geschäftsgebäudes sollte vorzugsweise in einer günstigen Himmelsrichtung liegen, damit die kosmische Lebensenergie und der Sauerstoff über einen A-Bereich einfließen können. Die Energie der A-Bereiche fördert die Geschäfte, die Leistungen der Mitarbeiter und zieht mehr Kunden an. Eine Ausnahme bilden die Trigramme CHIEN (siehe Abbildung 10.3h auf Seite 129) und CHEN (siehe unten), die auf der Vorderseite keine günstigen A-Bereiche haben.

In einer solchen Situation gibt es unterschiedliche Möglichkeiten:
• Die Tür kann in D1 (Südwesten) eingerichtet werden, der von allen D-Bereichen noch am wenigsten negativ ist. Das der Himmelsrichtung Südwesten zugeordnete Element ist Erde, welches durch den D-Bereich in diesem Fall eher negativ geprägt ist. Durch gezielte Feng-Shui-Maßnahmen wird nun die Erdelement-Energie und damit der Einfluß des D-Bereiches reduziert.

Dazu verwenden wir nach dem Prinzip der Fünf Elemente (siehe Kapitel 3) das »Kind« der Erde, nämlich Metall (Metall laugt Erde aus). In diesem Fall können wir eine größere Metallfigur oder ein Metallobjekt in der Nähe der Tür aufstellen, um die negative Erdelementenergie zu verringern und damit den D1-Bereich zu stabilisieren. Wenn Sie

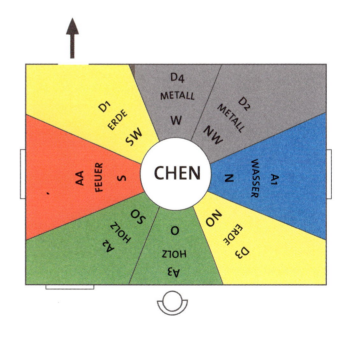

Abbildung 10.5: Beim CHEN-Trigramm liegt kein A-Bereich auf der Gebäudevorderseite, wo sich die Eingangstür befindet.

Kapitel 10 DAS OST-WEST-SYSTEM

keine andere Wahl haben, weil sich die Tür in einem noch ungünstigeren D-Bereich befindet, gehen Sie nach dem gleichen Prinzip vor – schwächen Sie das Element der Himmelsrichtung, in der sich der D-Bereich befindet, mit dem Element des jeweiligen »Kindes«.

• Eine Alternative oder zusätzliche Lösung besteht darin, zum Beispiel im Süden (AA) oder Norden (A1) eine weitere Tür einzurichten, um mehr Qi-Energie zu erhalten, die durch einen A-Bereich fließt. In diesem Fall benutzen Sie die Tür im Südwesten (D1) weniger oft und versuchen, häufiger über die Tür im Süden oder Norden ins Büro zu kommen.

• Wenn Sie keine Tür im Süden oder Norden einrichten können, sollten Sie wenigstens versuchen, dort ein Fenster einzubauen und dieses häufig zu öffnen, um mehr vitale, günstige Qi-Energie ins Gebäude zu bringen. Sie könnten auch im Südosten (A2) häufiger die Fenster öffnen.

Denken Sie daran, daß Sie auch die ungünstige Tür im Südwesten (D1) weiterhin benutzen müssen. Denn wenn Sie ausschließlich über die Tür im Süden (AA) oder Norden (A1) hereinkommen, muß das Gebäudetrigramm neu bestimmt werden und wird KAN oder LI. Dann müßten alle Bereiche gemäß des entsprechenden Trigramms anhand der zugehörigen Kompaßscheibe (Abbildungen 10.3a-h) neu bewertet werden.

Wie man das persönliche Lebenstrigramm eines Menschen bestimmt

Nicht nur jedes Gebäude hat ein Trigramm, sondern auch jeder Mensch. Dessen persönliches Lebenstrigramm und das dazugehörige Element wird nach dem Geburtsjahr bestimmt. Anhand der A- und D-Bewertungen für die einzelnen Himmelsrichtungen werden die für die jeweilige Person günstigen Bereiche im Gebäude ermittelt. Es entsteht eine Interaktion zwischen Mensch und Gebäude, je nachdem, welchen Himmelsrichtungen beide zugeordnet sind.

Ihr persönliches Lebenstrigramm und Trigrammelement finden Sie in der nebenstehenden Tabelle.

Tabelle 8 (mit Fortsetzung auf folgender Seite): Geburtsjahr, persönliches Lebenstrigramm und persönliches Trigrammelement. Abkürzungen: W=Wasser, H=Holz, F=Feuer, E=Erde, M=Metall. Bedeutung * siehe nächster Abschnitt.

Das persönliche Lebenstrigramm — Kapitel 10

1900*	K'AN (W)	KEN (E)	1930*	TUI (M)	KEN (E)
1901*	LI (F)	CHIEN (M)	1931	CHIEN (M)	LI (F)
1902	KEN (E)	TUI (M)	1932	K'UN (E)	K'AN (W)
1903	TUI (M)	KEN (E)	1933*	SUN (H)	K'UN (E)
1904	CHIEN (M)	LI (F)	1934*	CHEN (H)	CHEN (H)
1905*	K'UN (E)	K'AN (W)	1935	K'UN (E)	SUN (H)
1906	SUN (H)	K'UN (E)	1936	K'AN (W)	KEN (E)
1907	CHEN (H)	CHEN (H)	1937*	LI (F)	CHIEN (M)
1908	K'UN (E)	SUN (H)	1938*	KEN (E)	TUI (M)
1909*	K'AN (W)	KEN (E)	1939	TUI (M)	KEN (E)
1910	LI (F)	CHIEN (M)	1940	CHIEN (M)	LI (F)
1911	KEN (E)	TUI (M)	1941*	K'UN (E)	K'AN (W)
1912	TUI (M)	KEN (E)	1942*	SUN (H)	K'UN (E)
1913*	CHIEN (M)	LI (F)	1943	CHEN (H)	CHEN (H)
1914	K'UN (E)	K'AN (W)	1944	K'UN (E)	SUN (H)
1915	SUN (H)	K'UN (E)	1945*	K'AN (W)	KEN (E)
1916	CHEN (H)	CHEN (H)	1946*	LI (F)	CHIEN (M)
1917*	K'UN (E)	SUN (H)	1947	KEN (E)	TUI (M)
1918*	K'AN (W)	KEN (E)	1948	TUI (M)	KEN (E)
1919	LI (F)	CHIEN (M)	1949*	CHIEN (M)	LI (F)
1920	KEN (E)	TUI (M)	1950*	K'UN (E)	K'AN (W)
1921*	TUI (M)	KEN (E)	1951*	SUN (H)	K'UN (E)
1922*	CHIEN (M)	LI (F)	1952	CHEN (H)	CHEN (H)
1923	K'UN (E)	K'AN (W)	1953*	K'UN (E)	SUN (H)
1924	SUN (H)	K'UN (E)	1954*	K'AN (W)	KEN (E)
1925*	CHEN (H)	CHEN (H)	1955*	LI (F)	CHIEN (M)
1926*	K'UN (E)	SUN (H)	1956	KEN (E)	TUI (M)
1927	K'AN (W)	KEN (E)	1957*	TUI (M)	KEN (E)
1928	LI (F)	CHIEN (M)	1958*	CHIEN (M)	LI (F)
1929*	KEN (E)	TUI (M)	1959*	K'UN (E)	K'AN (W)

Kapitel 10 Das Ost-West-System

1960	SUN (H)	K'UN (E)	1990*	K'AN (W)	KEN (E)
1961*	CHEN (H)	CHEN (H)	1991*	LI (F)	CHIEN (M)
1962*	K'UN (E)	SUN (H)	1992*	KEN (E)	TUI (M)
1963*	K'AN (W)	KEN (E)	1993*	TUI (M)	KEN (E)
1964	LI (F)	CHIEN (M)	1994*	CHIEN (M)	LI (F)
1965*	KEN (E)	TUI (M)	1995*	K'UN (E)	K'AN (W)
1966*	TUI (M)	KEN (E)	1996*	SUN (H)	K'UN (E)
1967*	CHIEN (M)	LI (F)	1997*	CHEN (H)	CHEN (H)
1968	K'UN (E)	K'AN (W)	1998*	K'UN (E)	SUN (H)
1969*	SUN (H)	K'UN (E)	1999*	K'AN (W)	KEN (E)
1970*	CHEN (H)	CHEN (H)	2000*	LI (F)	CHIEN (M)
1971*	K'UN (E)	SUN (H)	2001*	KEN (E)	TUI (M)
1972	K'AN (W)	KEN (E)	2002*	TUI (M)	KEN (E)
1973*	LI (F)	CHIEN (M)	2003*	CHIEN (M)	LI (F)
1974*	KEN (E)	TUI (M)	2004*	K'UN (E)	K'AN (W)
1975*	TUI (M)	KEN (E)	2005*	SUN (H)	K'UN (E)
1976	CHIEN (M)	LI (F)	2006*	CHEN (H)	CHEN (H)
1977*	K'UN (E)	K'AN (W)	2007*	K'UN (E)	SUN (H)
1978*	SUN (H)	K'UN (E)	2008*	K'AN (W)	KEN (E)
1979*	CHEN (H)	CHEN (H)	2009*	LI (F)	CHIEN (M)
1980	K'UN (E)	SUN (H)	2010*	KEN (E)	TUI (M)
1981*	K'AN (W)	KEN (E)	2011*	TUI (M)	KEN (E)
1982*	LI (F)	CHIEN (M)	2012*	CHIEN (M)	LI (F)
1983*	KEN (E)	TUI (M)	2012*	K'UN (E)	K'AN (W)
1984*	TUI (M)	KEN (E)	2013*	SUN (H)	K'UN (E)
1985*	CHIEN (M)	LI (F)	2014*	CHEN (H)	CHEN (H)
1986*	K'UN (E)	K'AN (W)	2015*	K'UN (E)	SUN (H)
1987*	SUN (H)	K'UN (E)	2016*	K'AN (W)	KEN (E)
1988*	CHEN (H)	CHEN (H)	2017*	LI (F)	CHIEN (M)
1989*	K'UN	SUN (H)	2018*	KEN (E)	TUI (M)

Kapitel 10 — Ost- und Westgruppe

Trigramm	Himmelsrichtung	Element	kompatibel mit
K'AN	Norden	Wasser	Metall, Wasser
CHEN	Osten	Holz	Wasser, Holz
SUN	Südosten	Holz	Wasser, Holz
LI	Süden	Feuer	Holz, Feuer

Trigramm	Himmelsrichtung	Element	kompatibel mit
K'UN	Südwesten	Erde	Feuer, Erde
KEN	Nordosten	Erde	Feuer, Erde
CHIEN	Nordwesten	Metall	Erde, Metall
TUI	Westen	Metall	Erde, Metall

Tabelle 9: Die Unterteilung der Trigramme in Ost- und Westgruppe.

Das persönliche Lebenstrigramm, das Sie nach der obigen Tabelle bestimmen können, richtet sich nach dem Mondkalender. So beginnen Jahre, die mit einem Stern markiert sind, am 4. Februar, alle übrigen am 5. Februar.

Beispiel: Das Jahr 1968 beginnt am 5. Februar. Wenn Sie im Zeitraum zwischen dem 5. Februar 1968 und dem 3. Februar 1969 geboren sind, ist Ihr Trigramm K'UN (Erde), wenn Sie ein Mann sind, und K'AN (Wasser), wenn Sie eine Frau sind.

Beachten Sie: Wenn Sie vor dem 5. Februar 1968 geboren sind, gehören Sie zum Trigramm des vorhergehenden Jahrgangs 1967. Wenn Sie ein Mann sind, ist Ihr persönliches Lebenstrigramm in diesem Fall CHIEN (Metall). Sind Sie eine Frau, ist Ihr Trigramm LI (Feuer).

Wie bereits bei den Kompaßscheiben erwähnt, lassen sich die Trigramme und die dazugehörigen Elemente in zwei Gruppen unterteilen – in die Ostgruppe und die Westgruppe. Dieses Prinzip gilt gleichermaßen für das persönliche Lebenstrigramm und das Haustrigramm (siehe Tabelle 9). Am vorteilhaftesten ist es, wenn eine Person und ein Gebäude der gleichen Gruppe angehören, denn dann haben sie gemeinsame A- und D-Bereiche. Gehören Person und Gebäude zu unterschiedlichen Gruppen, liegen die A-Bereiche der Person dort, wo das Gebäude seine D-Bereiche hat und umgekehrt.

Kapitel 10 Das Ost-West-System

Günstige Bereiche von Gebäude und Person abstimmen

Um für eine einzelne Person den günstigsten Raum im Büro auszuwählen und deren Intuition, Leistungen und beruflichen Aufstieg zu fördern, müssen wir drei Hauptfaktoren berücksichtigen:

a.) Die A-Bereiche des Gebäudetrigramms – hier sollte sich der Büroraum befinden.
b.) Die besten Himmelsrichtungen (A-Bereiche) gemäß des Lebenstrigramms der Person.
c.) Das Element des persönlichen Lebenstrigramms (siehe Tabelle 8). Es sollte mit dem Element des Gebäudebereiches harmonieren.

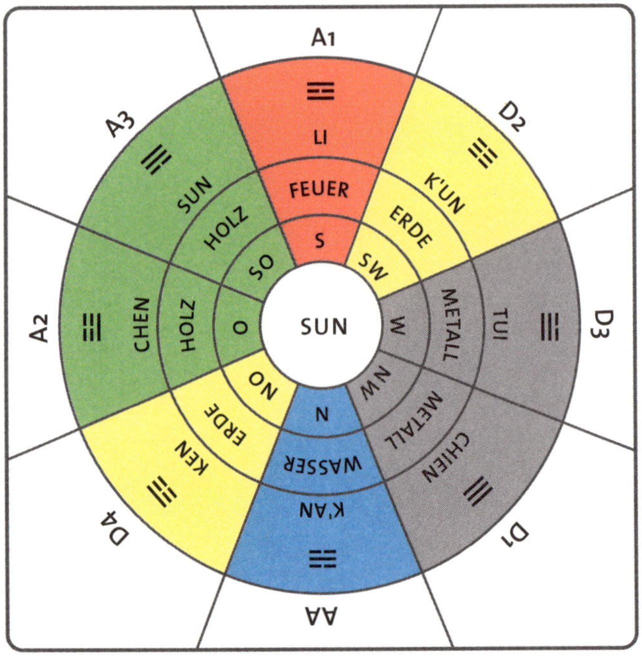

Ein Beispiel: Ein Büroangestellter, Herr Y, geboren am 16. August 1960, soll in einem LI-Gebäude sein Büro beziehen. Die A-Bereiche für das LI-Gebäude haben wir anhand der Kompaßscheibe bereits ermittelt. Nun möchten wir wissen, welches Trigramm Herr Y hat.

Wir sehen in der Tabelle 7 »Persönliches Lebenstrigramm und persönliches Element« unter 1960 in der Spalte für die Männer nach. Herr Y hat das persönliche Lebenstrigramm SUN und gehört zum Element Holz. (Eine Frau des gleichen Jahrgangs hätte das persönliche Lebenstrigramm K'UN und Element Erde).

Nun sehen wir in der nachfolgenden Abbildung auf der Kompaßscheibe mit SUN in der Mitte nach, welches für Herrn Y die günstigen (A) und ungünstigen (D) Bereiche im Büro sind.

Für das Trigramm SUN ist die beste Himmelsrichtung der Norden (AA). Die nächstbesten Richtungen sind Süden (A1), Osten (A2) und Südosten (A3). Die ungünstigste Richtung ist Nordosten (D4), diese sollte von Herrn Y unbedingt vermieden werden.

Als nächstes werden die Himmelsrichtungen und Bewertungen des persönlichen Trigramms von Herrn Y auf sein Büro übertragen.

Abbildung 10.6: Die Bereichsbewertungen für das persönliche Lebenstrigramm SUN.

Die Feinabstimmung **Kapitel 10**

In der nachfolgenden Abbildung vergleichen wir die Bewertungen zwischen dem persönlichen Lebenstrigramm SUN von Herrn Y und dem Gebäudetrigramm LI.

Auf den ersten Blick sind der Osten AA (A2), der Südosten A1 (A3) und der Süden A3 (A1) für Herrn Y die günstigsten Bereiche, um dort sein Büro einzurichten. Allerdings sollte noch das Trigrammelement von Herrn Y berücksichtigt werden. Es ist SUN - Holz. Sollte er sich im Süden (Feuer) aufhalten, würde das starke Feuerelement des Raumes seine Holzenergie auslaugen. Dann bräuchte er eine zusätzliche Abhilfe wie einen erdfarbenen Teppich. Damit würde er nach der Mutter-Kind-Regel (siehe Kapitel 3) das Feuer mit Erde schwächen. Eine weitere Möglichkeit wäre ein naturbelassener Holzboden (Holz unterstützt Holz) oder ein kleiner Zimmerbrunnen in der Nähe seines Schreibtischs (Wasser stärkt das Holzelement).

Das Punktesystem zur Bewertung der Bereiche

Anfangs ist es oft schwierig, den besten Bereich eines Gebäudes oder Raumes festzustellen, da unterschiedliche Einflüsse berücksichtigt werden müssen. Zur Vereinfachung wollen wir ein Punktesystem verwenden, um Herrn Y dabei zu helfen, seinen besten Platz im Büro zu finden. Abbildung 10.8 zeigt die Auswertung.

Die Bewertungskriterien des vereinfachten Punktesystems finden Sie im Anhang dieses Buches. Das System ist logisch aufgebaut und soll dem Laien dabei helfen, die günstigsten Räume für sich selbst oder eine andere Person zu berechnen.

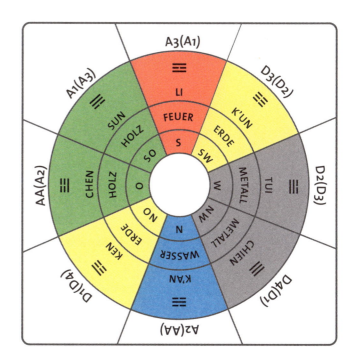

Abbildung 10.7: A1–D4 von Haus und Person. Das LI-Trigramm des Gebäudes wird mit dem SUN-Trigramm von Herrn Y kombiniert. Die Bewertungen seines persönlichen Lebenstrigramms für die Himmelsrichtungen stehen in Klammern.

Kapitel 10 Das Ost-West-System

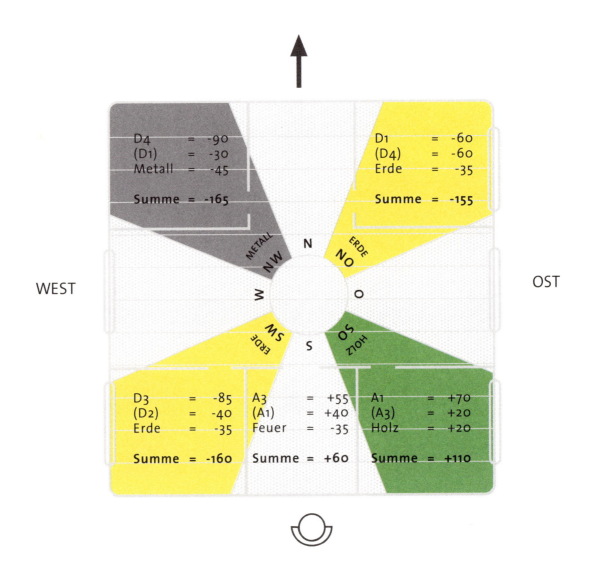

Abbildung 10.8: Das LI-Gebäudetrigramm und das persönliche Lebenstrigramm von Herrn Y erhalten unterschiedliche Punktzahlen (siehe Anhang). Die Elemente der Himmelsrichtungen, die mit Herrn Ys SUN-Trigramm (Holzelement) in Wechselwirkung treten, werden ebenfalls bewertet.

Unnötige Fehler bei der Bereichswahl können so vermieden werden. Im Rahmen einer Beratung oder eines Kurses würde man eine erweiterte Version dieses Punktesystems verwenden, das mehr als zwanzig verschiedene Faktoren berücksichtigt.

Aus der Abbildung 10.8 läßt sich erkennen, daß der Raum im Südosten mit +110 Punkten die höchste Bewertung erhält. Herr Y wird sicherlich diesen Raum als Arbeitszimmer wählen.

Als nächstes muß Herr Y entscheiden, in welchem Mikrobereich seines Büros sich sein Arbeitsplatz befinden sollte. Dafür unterteilen wir das Arbeitszimmer im Südosten nochmals nach den Himmelsrichtungen.

Beachten Sie jedoch immer die Prioritäten: An erster Stelle steht weiterhin die Regel der Kontrollposition. Die Person sollte diagonal zur Tür im hinteren Bereich des Raumes sitzen und daher gut beobachten können, wer hereinkommt. Hinter ihrem Rücken sollte sich eine feste Wand befinden. Diese Regel hat absoluten Vorrang!

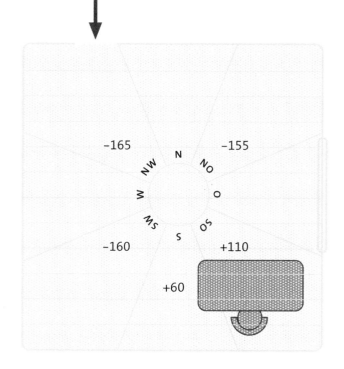

Abbildung 10.9: Die Mikrobereiche nach den Himmelsrichtungen im südöstlichen Büroraum. Die Punktebewertung ist die gleiche wie beim großen Gebäudegrundriß (Makrobereich). Im Büroraum, der im Südosten liegt, ist für Herrn Y wiederum ein Sitzplatz im südöstlichen Raumbereich (Mikrobereich) mit +110 Punkten am günstigsten.

量度

Kapitel 11

Die goldenden Maße
im Feng Shui

Kapitel 11 Feng-Shui-Maße

Die goldenen Maße im Feng Shui

Das sogenannte *Lu-Ban-Lineal* war der offizielle chinesische Maßstab, der vom kaiserlichen Schreiner Gong Shu Ban erfunden wurde, der während der Zeit der Kriege (475–221 v. Chr.) im Staate Lu lebte.

In der *Sung*-Dynastie (960–1128 n. Chr.) finden wir erstmalig Aufzeichnungen darüber, daß der kaiserliche Hofschreiner einen standardisierten »goldenen Feng-Shui-Maßstab« beim Bau von Möbeln, Türen und Fenstern der Beamten einsetzte. Dieses goldene Lineal wurde nach komplizierten mathematischen Formeln definiert, die sich nach der harmonischen Matrix der Natur und entsprechenden wohltuenden Klängen richteten. Es hat eine Länge von 42,96 cm oder 16 15/16 europäischen Zoll. Dieses Maß steht mit dem numerischen Faktor des Erdumfangs im Zusammenhang.

Das chinesische goldene Feng-Shui-Lineal ist in acht Hauptabschnitte unterteilt, von denen jeder einzelne in weitere vier Unterabschnitte mit einer Breite von jeweils 1,34 cm unterteilt ist. Vier dieser Hauptabschnitte haben eine günstige, die übrigen vier eine ungünstige Bedeutung, die nachfolgend in Stichpunkten wiedergegeben ist:

Abschnitt 1
0–5,37 cm
CHAI – Reichtum
a.) Reichtum kommt, Glück in Geldangelegenheiten
b.) Schatzkiste, ein mit Juwelen gefüllter Tresor
c.) Sechs Harmonien und sechs Arten von Glück
d.) Großer Reichtum, Glück und Wohlstand

Abschnitt 2
5,38–10,74 cm
PING – Krankheit
a.) Verlust des Vermögens, Geld verschwindet
b.) Schlechte Erfahrungen mit den Behörden
c.) Unglück, Gefängnis droht
d.) Waise, Witwe oder Witwer

Abschnitt 3
10,75–16,11 cm
LI – Trennung
a.) Reichtum wird verwehrt, ständiges Unglück
b.) Geldverlust, Geld wird einem abgenommen
c.) Betrug
d.) Vollständiger Verlust

Abschnitt 4
16,12–21,48 cm
YI – Großmut oder Integrität
a.) Reiche Nachkommenschaft, Kindersegen
b.) Gutes Einkommen
c.) Talentierte Nachkommen
d.) Viel Glück und Wohlstand

Tabelle 10: Die Abschnitte auf dem Feng-Shui-Lineal.

Abschnitt 5
21,49–26,85 cm
KUAN – Die Macht der Behörden
a.) Lebensmittelreichtum
b.) Besonderes Glück bei Nebeneinkommen und Lotterie
c.) Verbessertes Einkommen
d.) Wohlstand, Macht und große Ehre für die Familie

Abschnitt 6
26,86–32,22 cm
CHIEH – Katastrophe
a.) Abreise und Tod
b.) Verlust von Nachkommen, Verlust des Lebensunterhalts
c.) Das Haus der Vorfahren muß verlassen werden, Vertreibung vom Wohnort oder Arbeitsplatz
d.) Großer Verlust von Geld und Wohlstand

Abschnitt 7
32,23–37,59 cm
HAI – Schaden und Verletzung
a.) Unglück und Katastrophen
b.) Möglicher Tod
c.) Anfälligkeit für Krankheiten, Gesundheitsprobleme
d.) Gerichtsprozesse und Streitigkeiten, Skandale

Abschnitt 8
37,60–42,96 cm
PEN – Quelle oder Kapital
a.) Reichtum kommt, viel Geld fließt herein
b.) Berufliche Beförderungen oder hohes Einkommen
c.) Viel Schmuck und Reichtum
d.) Alles wird zu Gold, großer Wohlstand und viel Glück

Nach dem achten Abschnitt wiederholen sich die Abschnitte in der gleichen Reihenfolge. Wenn ein Gegenstand länger als das Feng-Shui-Lineal ist, wird es fortlaufend in voller Länge angelegt, bis das Ende des Gegenstands den betreffenden Wert anzeigt. Es ist auch ein spezielles Feng-Shui-Rollmaßband in 5 m Länge in deutscher und englischer Sprache erhältlich (siehe Händlernachweis im Anhang), mit dem Sie noch einfacher und präziser messen können. Meßfehler durch mehrfaches Anlegen des Lineals können so vermieden werden.

Nachfolgend sind einige Maße angegeben, die für die Höhe und Breite von Türen, Fenstern, Möbeln usw. günstig sind. Die Maße wurden jeweils etwas abgerundet, um sicherzustellen, daß Sie sich immer in einem günstigen Abschnitt befinden.

Kapitel 11 Feng-Shui-Maße

Abschnitt 1 – CHAI Reichtum	Abschnitt 5 – KUAN Macht der Behörden
0 – 5,34 cm	22 cm – 26,5 cm
43 cm – 48 cm	64,5 cm – 69,5 cm
86 cm – 91 cm	108 cm – 112,5 cm
129 cm – 134 cm	151 cm – 155,5 cm
172 cm – 177 cm	194 cm – 198 cm
215 cm – 220 cm	236,5 cm – 241,5 cm
258 cm – 263 cm	279,5 cm – 284,5 cm
301 cm – 306 cm	322,5 cm – 327 cm
344 cm – 349 cm	365,5 cm – 370 cm
387 cm – 392 cm	408,5 cm – 413 cm
430 cm – 434,5 cm	451,5 cm – 456 cm
473 cm – 477,5 cm	494,5 cm – 499 cm

Abschnitt 4 – YI Großmut und Integrität	Abschnitt 8 – PEN Quelle oder Kapital
16,5 cm – 21,5 cm	38 cm – 42,5 cm
59,5 cm – 64 cm	81 cm – 85,5 cm
102,5 cm – 107 cm	124 cm – 128,5 cm
145 cm – 150 cm	167 cm – 171,5 cm
188 cm – 193 cm	209,5 cm – 214,5 cm
231 cm – 236 cm	252,5 cm – 257,5 cm
274 cm – 279 cm	295,5 cm – 300,5 cm
317 cm – 322 cm	338,5 cm – 343,5 cm
360 cm – 365 cm	381,5 cm – 386,5 cm
403 cm – 408 cm	424,5 cm – 429,5 cm
446 cm – 451 cm	467,5 cm – 472 cm
489 cm – 494 cm	

Tabelle 11: Beispiele für günstige Maße.

MASSEMPFEHLUNGEN **Kapitel 11**

Ungünstige Maße führen zu Disharmonien
Türen und Fenster wirken als Symbole, die je nach Form und Größe ganz bestimmte Frequenzen aussenden. Wenn die Maße einer Tür oder eines Fensters günstig sind, schwingen sie positiv und wirken entsprechend auf die Person, die durch die Tür geht oder durchs Fenster schaut.

Untersuchungen, die ich in Europa, Nordamerika, Asien und Australien durchgeführt habe, bestätigen, daß sich die Türen von Geschäften, die nach dem Feng-Shui-Lineal negative Maße aufweisen, auf die Emotionen von Mitarbeitern und Kunden negativ auswirken.

Fenstermaße Wenn jemand so im Büro sitzt, daß er auf ein Fenster oder eine Tür mit negativen Maßen sieht, können sich Konzentrationsprobleme einstellen.

In Sydney wurden in einem Steuerbüro alle Räume renoviert und die Arbeitsplätze umgestellt. Sechs Mitarbeiter saßen nun so, daß sie zum Fenster blickten. Das Management stellte fest, daß diese Mitarbeiter bei der Buchhaltung vermehrt Fehler machten. Einige von ihnen klagten außerdem auch über Konzentrationsprobleme. Es stellte sich heraus, daß die Fenster, auf die sie sahen, ungünstige Maße hatten. Nachdem die Scheibenmaße mit Hilfe von Klebestreifen auf das nächstgünstige Feng-Shui-Maß verkleinert worden waren, normalisierten sich auch die Arbeitsleistungen.

> **Fallbeispiel**
>
> Ein mittelständisches Unternehmen klagte über Konflikte unter den Mitarbeitern sowie schlechte Umsätze. Nachdem verschiedene Feng-Shui-Abhilfen eingesetzt worden waren, konnte innerhalb von drei Jahren eine Profitsteigerung von 20 bis 25 Prozent verbucht werden. Innerhalb der Belegschaft gab es jedoch nach wie vor Disharmonien. Diese verschwanden erst, als man die Türmaße gemäß des goldenen Feng-Shui-Lineals positiv verändert hatte – eine Maßnahme, die das Management zuerst für unwichtig erachtet hatte.
> In den Geschäftsräumen gab es sechs Türen, die von den Mitarbeitern im Laufe des Tages häufig benutzt wurden. Die Türen waren 200 x 100 cm groß und fielen damit in die Bereiche Katastrophe (Unterabschnitt Abreise und Tod) sowie Trennung (Unterabschnitt Betrug). Mit Holzleisten, die am Türstock angebracht wurden, verkleinerte man die Türöffnung auf die nächstgünstigen Maße – 198 cm – Macht der Behörden (Unterabschnitt Wohlstand) und 89,5 cm – Reichtum (Unterabschnitt Sechs Harmonien).
> Sechs Wochen später teilte mir die Geschäftsleitung mit, daß sich die geänderten Türmaße erstaunlich positiv auf das Betriebsklima ausgewirkt hätten.

Kapitel 11 Feng-Shui-Maße

Wie Türen gemessen werden

Bei Türen wird das lichte Raummaß, das heißt die Innenmaße (Länge und Breite) der Türöffnung genommen (siehe Abbildung 11.1–11.4).

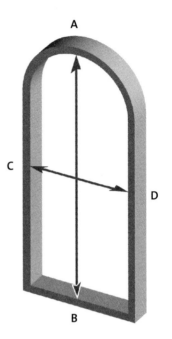

Abbildung 11.2: Messung einer Bogentür, es werden A–B und C–D gemessen.

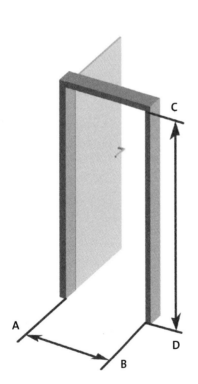

Abbildung 11.1: Messung einer rechteckigen Türöffnung. Es werden A–B und C–D gemessen.

TÜRMAßE **Kapitel 11**

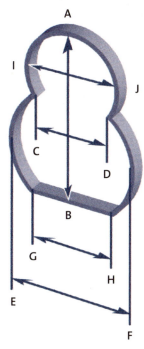

Höhe	Breite
193 cm	63 cm
198 cm	69 cm
210 cm	82 cm
218 cm	89 cm
236 cm	107 cm
	112 cm
	132 cm
	150 cm
	172 cm
	175 cm

Tabelle 12: Beispiele für günstige Türmaße. Höhe und Breite können beliebig variiert werden.

Abbildung 11.3: Bei Türbogen oder Türen, die wie eine Acht geformt sind, werden der höchste und der breiteste Punkt gemessen. In diesem Beispiel werden A–B, C–D, E–F, G–H und I–J gemessen.

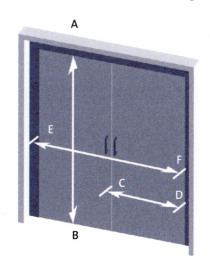

Abbildung 11.4: Bei einer Flügeltür öffnet man beide Seiten und mißt das lichte Raummaß A–B und E–F. Wenn ein Türflügel regelmäßig benutzt und der andere Flügel nur bei besonderen Gelegenheiten geöffnet wird, mißt man nur die häufig benutzte Seite – in diesem Fall A–B und C–D.

Kapitel 11 Feng-Shui-Maße

Wie Fenster gemessen werden

Bei Fenstern werden das lichte Raummaß der Fensteröffnung sowie die Scheibe gemessen. Sind Fenstersprossen vorhanden, werden die einzelnen Scheiben vermessen (siehe Abbildung 11.5–11.9).

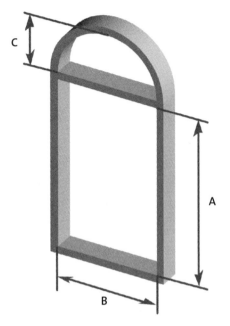

Abbildung 11.6: Bei einem Bogenfenster mißt man jeweils den höchsten Punkt, hier A, B und C.

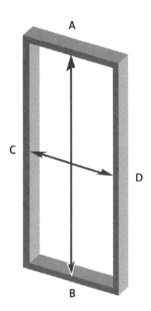

Abbildung 11.5: Als erstes wird das Innenmaß der Scheiben A–B und C–D festgestellt. Wenn sich ein Fenster vollständig öffnen läßt, wird zusätzlich wie bei der Tür das lichte Raummaß der Fensteröffnung gemessen.

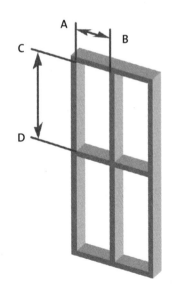

Abbildung 11.7: Bei einem unterteilten Fenster → mißt man jede einzelne Scheibe. Alle Scheiben sollten günstige Maße aufweisen.

FENSTERMASSE **Kapitel 11**

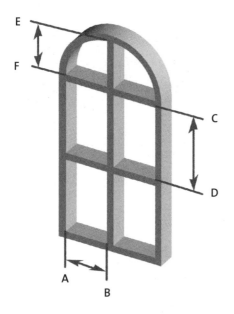

Abbildung 11.8: Bei einem Bogenfenster mißt man die Höhe am höchsten Punkt. Oben mißt man C und bei den unteren vier Bereichen die Höhe B und die Breite A.

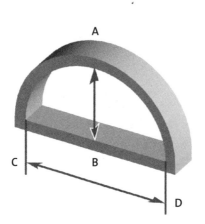

Abbildung 11.9: Hier wird der höchste Punkt A–B und die Breite C–D gemessen.

Schreib- und Arbeitstische

Ein Arbeitstisch sollte unbedingt günstige Maße haben. Gerade wenn man täglich viele Stunden an diesem Tisch arbeitet, wirken sich die Tischmaße auf das mentale und emotionale Wohlbefinden aus. Ein ungünstiges Tischmaß kann zu Konzentrationsproblemen sowie zu mehr Fehlern führen.

Der Tisch einer Führungskraft steht zusätzlich repräsentativ für ihre Abteilung oder die ganze Firma. Wie eine Firma geleitet wird, ist daran zu sehen, wie und wo der Tisch des Chefs steht und welche Form, Größe und Maße er besitzt.

Der beste Schreibtisch hat eine gleichmäßige Nierenform, die eine liebevolle Umarmung symbolisiert. Wer an diesem Tisch sitzt, sollte die äußeren Kanten berühren können, wenn er die Arme ausbreitet. Symbolisch bedeutet das, daß er jederzeit die volle Kontrolle über die Firma hat. Wer an einem solchen Tisch arbeitet, verhält sich als Unternehmer gegenüber seinen Mitarbeitern human und rücksichtsvoll.

Bei quadratischen oder rechteckigen Tischformen sollten die Ecken und Kanten abgerundet sein, denn von spitzen Kanten gehen negative Energielinien aus und erzeugen im Raum eine aggressive Schwingung.

Der Schreibtisch muß unbedingt fest und stabil sein, um die Stabilität von Firma und Arbeit anzuzeigen. Ein guter Schreibtisch sollte auf der Frontseite und an den Seiten geschlossen sein, um die geschäftliche Diskretion zu wahren. Wer an einem wackeligen Tisch arbeitet, kann leichter seine Stellung verlieren.

Kapitel 11 Feng-Shui-Maße

Wie Sie einen Schreibtisch messen Ausschlaggebend sind die günstigen Maße der Tischplatte. Die Tischhöhe sollte individuell angepaßt werden. Es ist wichtiger, daß die Person an diesem Tisch aufrecht und entspannt sitzen und somit gut atmen kann, als daß die Höhe unbedingt einem günstigen Feng-Shui-Maß entspricht.

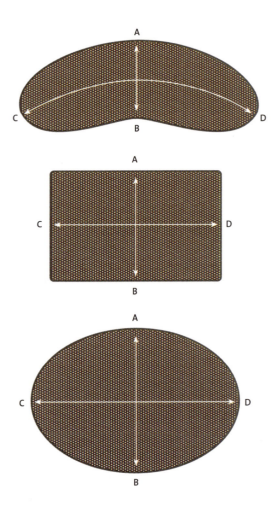

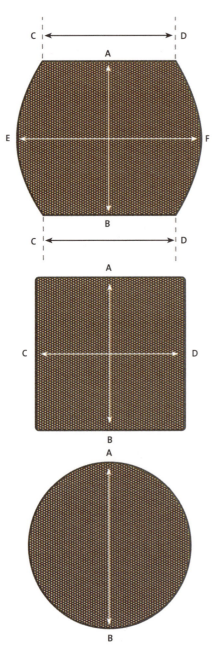

Abbildung 11.10: Die unterschiedlichen Tischplattenformen werden auf diese Art gemessen.

152

TISCHMAßE **Kapitel 11**

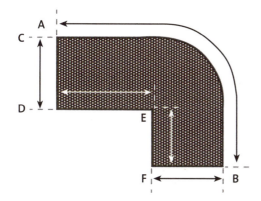

Abbildung 11.11: Ein L-förmiger Tisch ist wegen seiner unregelmäßigen Form als Arbeitstisch am wenigsten zu empfehlen. Die eigene Arbeit und die Firma als Ganzes sind hier schlechter zu kontrollieren. Wenn Sie für Telefon oder Computer mehr Platz benötigen, sollten Sie diese auf einen separaten Tisch mit vier Beinen stellen.

Länge	Breite
88 cm	65 cm
112 cm	69 cm
132 cm	82 cm
155 cm	89 cm
193 cm	107 cm
198 cm	
215 cm	

Tabelle 13: Beispiele für günstige Maße von Schreib- und Arbeitstisch. Länge und Breite sind beliebig kombinierbar.

Alle Maße können untereinander kombiniert werden. Sie werden feststellen, daß viele günstige Feng-Shui-Maße von den üblichen Standardmaßen bei Türen, Fenstern oder Tischen abweichen. Nach meiner Erfahrung haben etwa 80 Prozent der Büromöbel in westlichen Ländern ungünstige Maße. Nach Standardmaßen gefertigte Möbel sind vielleicht kostengünstiger, die Kosteneinsparung wiegt jedoch die negativen Auswirkungen keinesfalls auf.

Hier tut sich eine Marktlücke auf, in der sich ein neuer erfolgreicher Industriezweig entwickeln kann: Fenster, Türen und Büromöbel nach den »goldenen Feng-Shui-Maßen«.

迴避

Kapitel 12

Gebäudeformen und Standorte, die Sie meiden sollten

Kapitel 12 PROBLEMGEBÄUDE

Gebäudeformen und Standorte, die Sie meiden sollten

Ein Gebäude, in dem sich Menschen aufhalten sollen, muß ein starkes Fundament haben. Form und Struktur sollten ästhetisch sein, so daß man es gern ansieht – so wie einen Menschen mit einem attraktiven Körper und einem schönen Gesicht.

Lassen Sie sich von Ihrer Intuition leiten, wenn Sie ein Gebäude als Büro oder Firmensitz auswählen! Es sollte Ihnen gefallen und ein gutes Gefühl vermitteln. Normalerweise liegen Sie damit richtig. Trotzdem ist es von Vorteil, wenn Sie wissen, welche »Gebäudedefekte« es gibt, die sich negativ auf Wohlbefinden, Gesundheit und Leistungsfähigkeit von Ihnen und Ihren Mitarbeitern auswirken.

Sie spüren die Gebäudedefekte am eigenen Körper

In Malaysia betrachtete ich ein fünfstöckiges Gebäude, dessen Schwerpunkt nach links verschoben war. Als einmal die Büroarbeiter zur Mittagspause aus dem Haus kamen, stellte ich fest, daß sich viele beim Gehen etwas nach links lehnten. Ihr Körper hatte den Gebäudedefekt nachvollzogen.

In Frankfurt interviewte ich mehrere Angestellte, die in einem Gebäude arbeiteten, dem ein größerer Bereich fehlte. Acht von zehn Mitarbeitern, mit denen ich sprach, hatten während der Arbeit Probleme mit der Hüfte und dem Rücken. Diese Körperbereiche entsprachen auf das Gebäude übertragen genau dem fehlenden Bereich!

Es ist außerordentlich wichtig, die passenden Räumlichkeiten auszuwählen, um sicherzustellen, daß Chef und Mitarbeiter an diesem Ort die Harmonie und Ausgeglichenheit erfahren, die ein kraftvolles und erfolgreiches Unternehmen ausmachen. Ein nach Feng Shui gestaltetes Gebäude hat normalerweise eine höhere, belebende Energie und besitzt mehr Dynamik als die meisten anderen Gebäude. Wenn die Büroarbeiter im Laufe des Tages mit Energie aufgeladen werden, können sie länger arbeiten und noch dazu Spitzenleistungen erbringen. Auf Wachmacher wie Kaffee kann dann beispielsweise verzichtet werden.

Im folgenden gehe ich auf einige Gebäudeformen ein, bei denen Vorsicht geboten ist. Auf Feng-Shui-Maßnahmen wird hier nicht im einzelnen eingegangen, da diese individuell angepaßt werden müssen.

Gebäude mit Skalpellform

Ein skalpellförmiges Gebäude ist außergewöhnlich aggressiv und bedroht die Nachbargebäude. Der spitze Dachgiebel saugt die Energie von innen schnell nach oben. Die Mitarbeiter in den Stockwerken oberhalb von A (siehe Abbildung 12.1) sind normalerweise nicht in Balance und können Entscheidungen nicht mit Hilfe der Intuition fällen. Wer sich zwischen Ebene A und B aufhält, hat ähnliche, jedoch weniger gravierende Schwierigkeiten.

Die Skalpellform — Kapitel 12

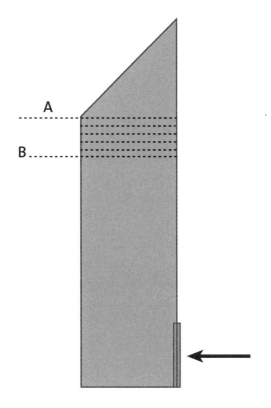

Abbildung 12.1: Ein Gebäude in Skalpellform. Normalerweise sollte die geneigte Dachfläche nicht mehr als 5 Prozent der Gesamthöhe ausmachen.

Es gibt weltweit zahlreiche Unternehmen, die in dieser Art von Gebäuden bankrott gegangen sind. Für skalpellförmige Gebäude sind geeignete Feng-Shui-Maßnahmen daher ein Muß.

Architekten klagen oft darüber, daß Feng Shui ihre Kreativität beim innovativen Gebäudedesign einschränke. Das stimmt aber nicht. Nur wer über ein unzureichendes Feng-Shui-Wissen verfügt, fühlt sich eingeschränkt. Als Feng-Shui-Praktizierende halten wir einen aggressiven Architekten nicht unbedingt davon ab, seine Gefühle in Form eines skalpellfömigen Gebäudes auszudrücken. Firmen und Bewohner, die sich hier aufhalten, müssen aber durch ausgleichende Maßnahmen zumindest geschützt werden. Wenn ein solches Gebäude gleichzeitig die Nachbarschaft bedroht, sollten in der Umgebung ebenfalls die nötigen Feng-Shui-Maßnahmen ergriffen werden.

Die Messerform der Bank of China in Hongkong hat eine ähnliche Wirkung und bringt vermutlich eine politische Haltung zum Ausdruck. Sie symbolisiert das Mißfallen Chinas gegenüber der britischen Kolonialmacht. Nachdem das Bankgebäude fertiggestellt war, litten die drei letzten britischen Gouverneure unter erheblichen Gesundheitsproblemen, weil eine Gebäudekante direkt auf den Gouverneurspalast zielt. Da die Kolonialherrschaft jetzt beendet ist, sollte das Gebäude eigentlich neu gestaltet werden, da es auch eine Bedrohung für die Stadt Hongkong darstellt.

Kapitel 12 PROBLEMGEBÄUDE

Gebäude mit Pyramidendach

Viele moderne Gebäude haben ein Pyramidendach. Ein Pyramidendach auf einem Geschäftsgebäude ist ein sehr negatives Symbol. Pyramiden dienten in alter Zeit in Südamerika und China zur Aufbewahrung von Lebensmitteln, für medizinische Behandlungen sowie für Rituale. Im alten Ägypten und in China wurden die königlichen Mumien vor der Beisetzung in gesonderten Kammern in den Pyramiden aufgebahrt. Damit besitzt die Pyramide auch den Aspekt eines Totenhauses.

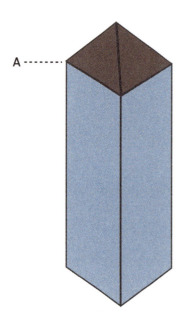

Abbildung 12.2: In Frankfurt gibt es ein bekanntes Gebäude mit Pyramidendach. Viele Feng-Shui-Experten sind der Meinung, daß dieses Gebäude die Stadt Frankfurt als Finanzzentrum für Deutschland und die Europäische Union schwächt.

Eine Pyramide gehört zu den Symbolen, die Menschen und Tiere »attackieren«, denn bei ihrem Anblick wird das Immunsystem einer Person geschwächt. Zahlreiche wissenschaftliche Experimente bestätigen diese negative Wirkung.

Ein Pyramidendach zieht die Energie verstärkt in Richtung Dachgiebel hinauf. Wer in einem solchen Gebäude arbeitet und sich im Bereich des Pyramidendachs oder einem der fünf darunterliegenden Stockwerke (siehe Abbildung 12.2, Bereich A) aufhält, hat das Gefühl, nach oben gezogen zu werden und den Bodenkontakt sowie das Gleichgewicht zu verlieren. Eine außergewöhnlich hohe Zahl von Firmen, die Konkurs angemeldet hat, tat dies in Gebäuden mit Pyramidendach. In einem solchen Fall kann nur ein sehr erfahrener Feng-Shui-Berater geeignete Maßnahmen empfehlen.

Kegelförmige Gebäude

Eine Kegel- oder Schneckenform erzeugt einen speziellen Energiewirbel, der sich zur Spitze hin bewegt. Wenn man sich in einem solchen Gebäude aufhält, kann man diesen Kreiseleffekt spüren. Für die Phantasie und zum Vergnügen ist diese Art von Gebäude zwar akzeptabel, für Geschäftsräume und staatliche Verwaltungseinrichtungen ist es jedoch äußerst ungeeignet. Hier gehen viele Firmen bankrott, sie verlieren die Orientierung und Balance. Es müssen unbedingt spezielle Feng-Shui-Maßnahmen ergriffen werden, sonst hat die Firma außergewöhnlich hohe Kosten zu tragen – denn ein solches Gebäude könnte schließlich im wahrsten

Dachformen und Glaswände — Kapitel 12

Sinne des Wortes leer stehen, da alles nach oben abzieht. Im Vergleich dazu hat das Tipizelt der Indianer nur teilweise eine Kegelform. Durch die oben erweiterte Öffnung ist der Energiefluß günstiger.

Der neu gestaltete deutsche Reichstag weist ebenfalls ein nach unten gerichtetes Gestaltungselement in Kegelform auf. Leider ist dies äußerst ungünstig für ein Gebäude, in dem Gesetze verabschiedet werden.

Gebäude mit Glaswänden

Zugunsten eines verbesserten Lichteinfalls bestehen bei vielen modernen Gebäuden mehr als 70 Prozent der Außenwände aus Glas. Glaswände erzeugen jedoch Gefühle der Angst, Unsicherheit oder den Eindruck, irgend jemandem oder irgend etwas schutzlos ausgeliefert zu sein. In Gebäuden mit Glaswänden ist außerdem der Gehalt an Qi-Energie und Sauerstoff niedrig, da die Energie über das Glas schnell nach außen entweicht. Trotz des vermehrten Lichteinfalls ist die Lebensenergie in einem solchen Gebäude sehr niedrig. Außerdem sind die Bau- und Reinigungskosten hoch. Firmen gehen in Glasbauten eher bankrott oder machen weniger Gewinne; passende Feng-Shui-Hilfsmittel sind außergewöhnlich teuer.

Zu diesen negativen Aspekten kommt noch ein weiterer: Kommerzielle Gebäude benötigen Stabilität und eine gewisse Diskretion, die ein Glasgebäude nicht bieten kann. Aus diesem Grund waren die alten Bankgebäude auch solide und mit massiven Mauern gebaut. Sie demonstrierten Stabilität und Stärke – ganz im Gegensatz zu einem Haus aus Glas.

Wenn spezielle Designkenntnisse des Feng Shui eingesetzt werden, können auch Firmengebäude mit Glaswänden gebaut werden. Das Gebäude sollte jedoch stabil wirken, und Verluste von kosmischem Qi und Sauerstoff müssen vermieden werden.

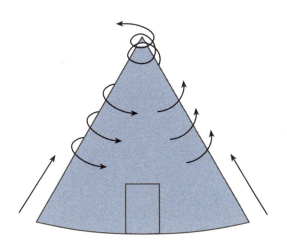

Abbildung 12.3: Der Energiefluß in einem kegelförmigen Gebäude.

Kapitel 12 Problemgebäude

Beispiele für ungünstige Standorte

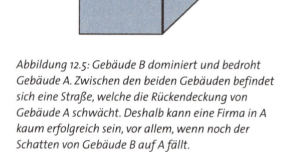

Abbildung 12.5: Gebäude B dominiert und bedroht Gebäude A. Zwischen den beiden Gebäuden befindet sich eine Straße, welche die Rückendeckung von Gebäude A schwächt. Deshalb kann eine Firma in A kaum erfolgreich sein, vor allem, wenn noch der Schatten von Gebäude B auf A fällt.

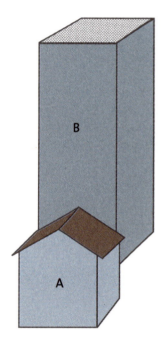

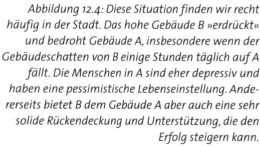

Abbildung 12.4: Diese Situation finden wir recht häufig in der Stadt. Das hohe Gebäude B »erdrückt« und bedroht Gebäude A, insbesondere wenn der Gebäudeschatten von B einige Stunden täglich auf A fällt. Die Menschen in A sind eher depressiv und haben eine pessimistische Lebenseinstellung. Andererseits bietet B dem Gebäude A aber auch eine sehr solide Rückendeckung und Unterstützung, die den Erfolg steigern kann.

UNGÜNSTIGE STANDORTE **Kapitel 12**

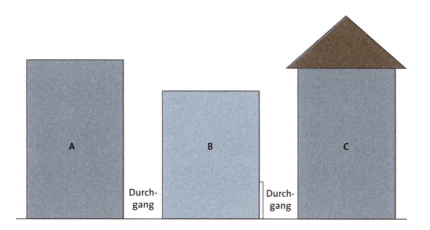

Abbildung 12.6: Gebäude B wird von A und C erdrückt, denn es ist nur durch zwei schmale Durchgänge von beiden getrennt. Der Haupteingang von B wird von C dominiert und blockiert. Die Wand von Gebäude C wirkt auf Menschen, die in B arbeiten, wie ein Hindernis. Daher ist es unwahrscheinlich, daß Geschäfte oder Firmen in B Erfolg haben, auch wenn ihnen das Gebäude A eine gute Rückendeckung bietet.

Abbildung 12.7: Das Gebäude B steht zwischen den Gebäuden A und C. Weil es durch zwei Straßen von ihnen getrennt ist, wird es nicht blockiert. Da die Straße direkt hinter B verläuft, bedeutet das jedoch keine gute Rückendeckung für einen langfristigen Erfolg, insbesondere während wirtschaftlich schwierigerer Zeiten. Die Situation ist etwas besser, wenn die Straße nur wenig befahren ist. Im Idealfall sollten sich weder Straßen noch Wasser unmittelbar hinter einem Gebäude befinden, da sie die Rückendeckung stark schwächen.

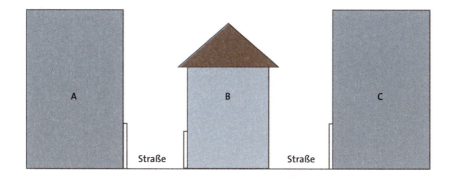

161

Kapitel 12 PROBLEMGEBÄUDE

Tunnel- und Sogeffekte

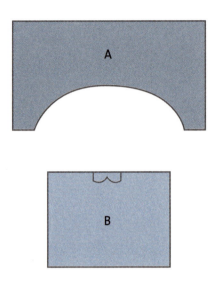

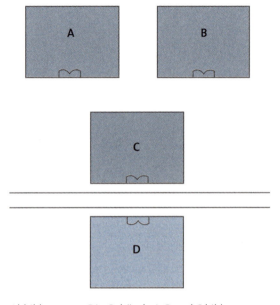

Abbildung 12.8: Das Gebäude A umschließt Gebäude B und zieht ihm im Bereich des Vorplatzes Energie ab. Wenn sich in beiden Gebäuden Geschäfte befinden, verliert B viele seiner Kunden an A. Befindet sich zwischen beiden eine Straße, ist die Negativwirkung geringer.

Abbildung 12.9: Die Gebäude A, B und C bilden zusammen eine Dreiecksform, die das Gebäude D bedroht. Wenn D ein Verkaufsgeschäft ist, kann es dadurch viele Kunden verlieren. Gebäude C hat den günstigsten Standort, da es von A und B unterstützt wird.

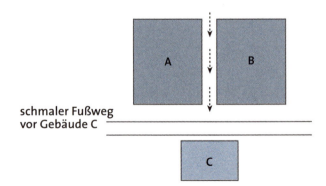

← *Abbildung 12.10: Schmaler Durchgang zwischen den Gebäuden A und B, der auf Gebäude C ausgerichtet ist.*

Sackgasse und T-Kreuzung **Kapitel 12**

Die in Abbildung 12.9 gezeigte Situation ist in Großstädten und Stadtgebieten mit dichter Bebauung häufig anzutreffen. Der schmale Durchgang zwischen den Gebäuden A und B erzeugt einen Tunneleffekt, der aggressiven, angreifenden Wind auf die Gebäudefront C lenkt. Der starke Wind »spaltet« das Gebäude C in der Mitte. Der Wind wird noch aggressiver, wenn Gebäude C auf das Meer, auf einen See oder eine Bergkette ausgerichtet ist. Normalerweise haben Firmen und Geschäfte, die in einer Position wie Gebäude C liegen, keinen Erfolg. Leider gibt es keine effektiven Hilfsmittel, um diese Art von aggressivem Wind für das Erdgeschoß zu neutralisieren. In den höheren Stockwerken kann ein Windschutz vor den Fenstern angebracht werden, der den starken Wind ablenkt.

T-Kreuzung und Sackgasse Auch ein Geschäftsgebäude direkt am Ende einer T-Kreuzung oder Sackgasse bis zu einer Entfernung von 50 bis 70 m ist äußerst ungünstig.

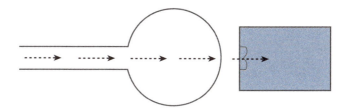

Abbildung 12.11a: Sackgasse.

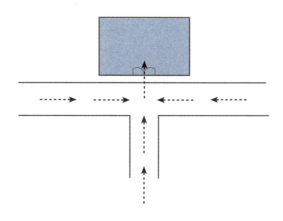

Abbildung 12.11b: T-Kreuzung.

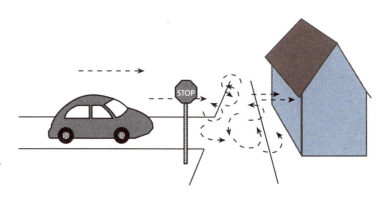

Abbildung 12.11c: Energiebewegungen an einer T-Kreuzung.

Kapitel 12 Problemgebäude

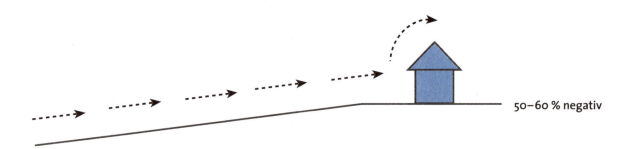

Abbildung 12.12a: Sackgasse und T-Kreuzung am Hang

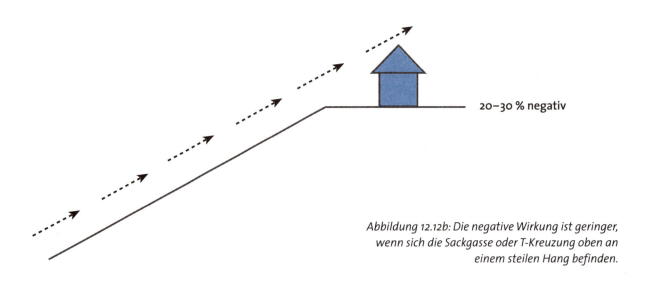

Abbildung 12.12b: Die negative Wirkung ist geringer, wenn sich die Sackgasse oder T-Kreuzung oben an einem steilen Hang befinden.

Strasse am Hang **Kapitel 12**

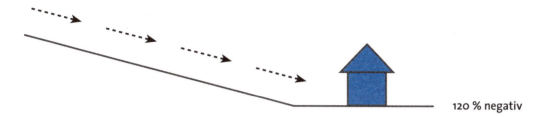

Abbildung 12.12c: Die negative Wirkung wird verstärkt, wenn sich Sackgasse oder T-Kreuzung unten am Hang befinden.

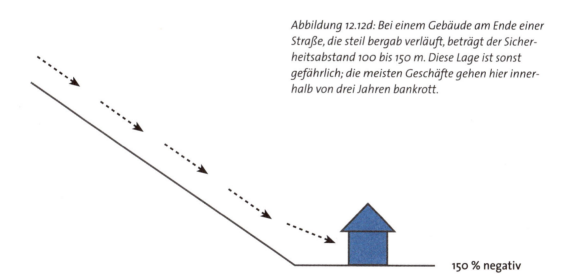

Abbildung 12.12d: Bei einem Gebäude am Ende einer Straße, die steil bergab verläuft, beträgt der Sicherheitsabstand 100 bis 150 m. Diese Lage ist sonst gefährlich; die meisten Geschäfte gehen hier innerhalb von drei Jahren bankrott.

Kapitel 12 PROBLEMGEBÄUDE

Im Feng Shui bedeutet eine Sackgasse das *Ende des Weges* für Wohlstand und Überfluß. Wenn Sie geschäftlich erfolgreich sein wollen, müssen Sie umziehen. Je nachdem wie stark die Sackgasse befahren ist, kann außerdem die Belastung durch die Energien und Abgase der Autos sehr stark sein.

Wenn ein Geschäftsgebäude am Mittelpunkt einer T-Kreuzung liegt, ist es der Energie, dem Schmutz und den Abgasen der heranfahrenden Autos ebenso schutzlos ausgesetzt. Bei den Mitarbeitern entstehen schwere Gesundheitsprobleme, und es wird kaum möglich sein, den Kunden gegenüber entspannt und freundlich aufzutreten. Die Kunden verlieren ihrerseits ihre Kauflaune, werden nervös und beeilen sich zu gehen.

Aus meiner persönlichen Erfahrung kann ich sagen, daß ich noch kein erfolgreiches Geschäft oder Einkaufszentrum gesehen habe, das direkt am Ende einer Sackgasse oder T-Kreuzung lag. Solche Ladengeschäfte und Büroräume wirken oft heruntergekommen, und die Geschäftsinhaber sind eher depressiv oder krank, wenn sie dort länger als sechs Monate gearbeitet haben.

Denken Sie daran: Im Geschäftsleben haben Sie immer die Wahl und die Gelegenheit, günstige Räumlichkeiten zu finden, wenn Sie sich mit Herz und Verstand dafür einsetzen. Auch wenn eine andere Geschäftslage teurer sein mag, ist ein Standort am Ende einer Sackgasse oder T-Kreuzung in jedem Fall zu vermeiden.

Ein Gebäude »fällt ins Wasser« Meiden Sie auch Gebäude, auf deren Rückseite sich das Meer, ein See oder Fluß, eine Klippe oder eine stark befahrene Straße befinden. Stellen Sie sich vor, daß ein Gebäude wie ein Mensch auf einem Stuhl mit einer festen Rückenlehne sitzen sollte. Wenn man sich zurücklehnt und keine Rückenlehne vorhanden ist, kippt man um.

Wenn sich auf der Gebäuderückseite weniger als eine Gebäudelänge entfernt Wasser oder eine stark befahrene Straße befindet, wird so auch die Basis und Stabilität des Gebäudes und des darin befindlichen Geschäfts langsam untergraben. Im Feng

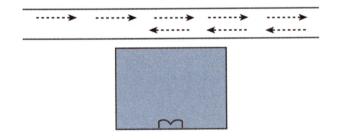

Abbildung 12.13: Eine stark befahrene Straße, die sich unmittelbar hinter dem Gebäude befindet, ist ungünstig. Über die jeweiligen Maßnahmen muß ein erfahrener Feng-Shui-Experte entscheiden.

»Kippendes« Gebäude **Kapitel 12**

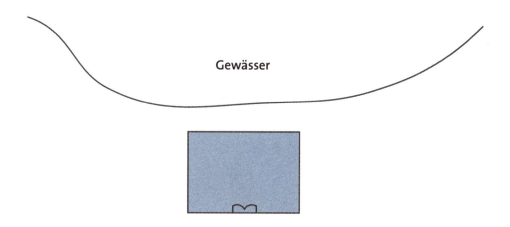

Abbildung 12.14: Ein großes Gewässer im Abstand von weniger als 50 m auf der Rückseite des Gebäudes ist äußerst ungünstig.

Shui bezeichnet man diese Situation als *den Berg, der ins Wasser fällt*, was für die Geschäfte äußerst ungünstig ist. Da das kosmische Qi vom Wasser auf der Gebäuderückseite angezogen wird, fehlt es im Gebäudeinneren.

Auch ein Abhang von 5 Meter Tiefe und mehr beeinträchtigt ein Gebäude und sollte sich in einem Sicherheitsabstand von mindestens 100 Metern befinden.

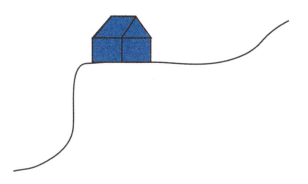

Abbildung 12.15: Von einem Standort zu nahe an einem Abhang ist abzuraten, es besteht die Gefahr eines Erdrutschs.

Kapitel 13

Angreifende und ungünstige Strukturen

Kapitel 13 UNGÜNSTIGE STRUKTUREN

Angreifende und ungünstige Strukturen

Ein Gebäude repräsentiert alle sich darin aufhaltenden Personen und soll ihnen Schutz und Sicherheit bieten. In der Feng-Shui-Praxis ist es daher sehr wichtig, die Umgebung im Umkreis von 100 m zu untersuchen, da sich alle Strukturen, Gegenstände oder weiteren Gebäude, die aggressive Merkmale aufweisen, negativ auf das Gebäude bzw. die darin arbeitenden Menschen auswirken.

Um diese Wirkungen nachzuweisen, wurden in zwanzig verschiedenen Ländern in Ost und West Tests mit Personen durchgeführt, denen Feng Shui kein Begriff war. Damit sollte ausgeschlossen werden, daß bestimmte Reaktionen auf Wissen oder Glauben zurückzuführen waren. Mit Geräten, die Gehirn- und Herzströme, Muskel- und andere Biofeedback-Reaktionen aufzeichnen, wurde der körperliche Zustand der Personen gemessen, die sich in einem »attackierten« Gebäude aufhielten. Das Ergebnis war eindeutig: Alle Personen standen unter enormem Streß, ihre Muskeln reagierten beim Testen schwach.

Die Illustrationen in diesem Kapitel sollen negative Strukturen und Gebäude in der Umgebung des Firmen- oder Geschäftsgebäudes und die damit verbundenen physischen, mentalen und emotionalen Gesundheitsprobleme aufzeigen. Da geeignete Maßnahmen von einem erfahrenen Feng-Shui-Berater immer genau auf die jeweilige Situation angepaßt werden müssen, sind hier keine weiteren Lösungsvorschläge genannt.

Die meisten Firmen oder Geschäfte, die in den nachfolgenden typischen Beispielen von ungünstigen Gebäuden ihren Sitz haben, gehen meiner Erfahrung nach innerhalb von fünf Jahren bankrott, wenn keine Feng-Shui-Maßnahmen umgesetzt werden. Meiden Sie solche Gebäude möglichst, um unnötigen Streß, Gesundheits- und Finanzprobleme für Sie und Ihre Mitarbeiter zu vermeiden.

Schädliche Energielinien, die von Gebäudeecken ausgehen

Angriffe von Nachbargebäuden können eine beträchtliche Störquelle darstellen, wie in den folgenden Abbildungen zu sehen ist.

Angriffe durch Kanten **Kapitel 13**

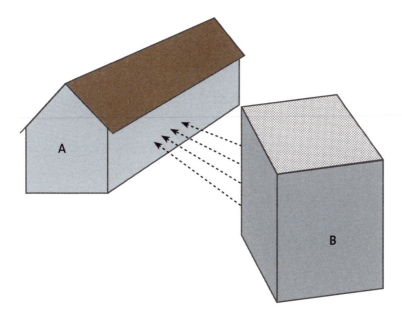

Abbildung 13.1: Gebäude B ist ein mehrstöckiges Haus, dessen scharfkantige Ecke erdrückende und schädliche Energien auf die Mitte von Gebäude A aussendet und es in zwei Hälften »zerteilt«. Die Auswirkung: Die Menschen in Gebäude A neigen zu Rückenschmerzen und leiden unter extremen Ängsten.

Abbildung 13.2: Das Gebäude A wird durch die schädlichen Energien bedroht, die von der Gebäudekante B ausgehen. Diese Energien treffen auf die rechte, weibliche Seite (wenn Sie in der Eingangstür stehen und nach draußen blicken) der Gebäudefront, welche außerdem die rechte Gesichtshälfte repräsentiert. Im Bürohaus A haben daher insbesondere Frauen vermehrt Probleme im rechten Gesichtsbereich und sind auch nervöser.

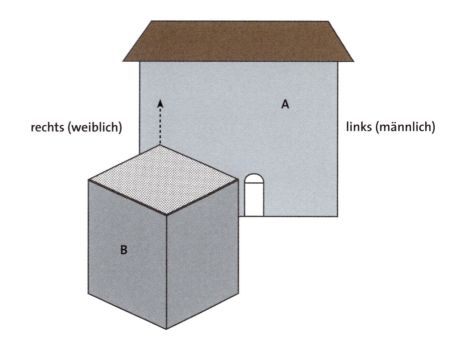

Kapitel 13 Ungünstige Strukturen

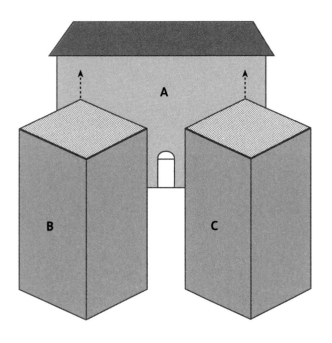

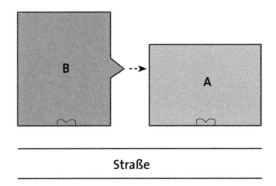

Abbildung 13.4: Das Gebäude B lenkt schädliche Energien auf die rechte Seite von A. Wer hier arbeitet, bekommt gesundheitliche Probleme.

Abbildung 13.3: Diese »Attacke« geht von zwei Gebäuden gleichzeitig aus. Firmen in Gebäude A haben kaum eine Chance, Profit zu machen. Sie melden in der Regel innerhalb von drei Jahren nach Einzug Konkurs an.

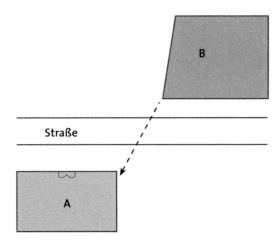

Abbildung 13.5: Gebäude B »attackiert« durch seine Form symbolisch die rechte Schulter von Gebäude A. Die hier arbeitenden Menschen können Schulterprobleme bekommen. Die aggressive Wirkung ist geringer, wenn die Straße sehr stark befahren ist.

SCHÄDLICHE ENERGIELINIEN **Kapitel 13**

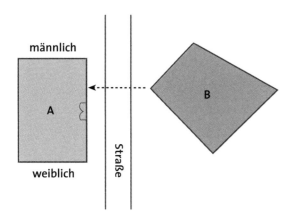

Abbildung 13.6: Gebäude B lenkt schädliche Energien auf die linke Seite der Gebäudefront von A. Die Gebäudefront steht für das Gesicht. Die linke Seite eines Gebäudes (man steht in der Eingangstür und blickt nach draußen) ist die männliche Seite. Hier wird das Gesicht der Menschen, die sich in A aufhalten, symbolisch »attackiert«. Insbesondere die Männer werden dadurch geschwächt. Der Angriff löst Gereiztheit und Konzentrationsprobleme aus.

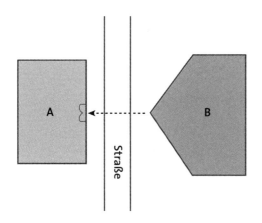

Abbildung 13.7: In diesem Fall wird Gebäude A frontal von B attackiert.

Das Gebäude B in Abbildung 13.7 erinnert an eine Pfeilspitze. Die gesamte Energie des Gebäudes B mitsamt seinen Bewohnern bildet eine symbolische Attacke auf den Eingang – den Mund – von A. Da das Gebäude B größer ist als A, wirkt die Attacke überwältigend.

Ziehen Sie nie in ein solches Gebäude A ein, auch wenn B kleiner ist. Die direkte Attacke einer Gebäudekante auf den Eingang (Mund) eines anderen Gebäudes ist regelrecht tödlich. Bei allen Menschen, die in A arbeiten, schwächt der Angriff das Herz; insbesondere die älteren Mitarbeiter sind betroffen. Auch besteht bei den Mitgliedern des Topmanagements in Gebäude A vermehrt die Gefahr von Herzinfarkten und Gehirnblutungen. Viele Menschen in A sind außerdem extrem aggressiv (sie werden ja angegriffen!) und können sich weder konzentrieren noch kraftvolle Entscheidungen treffen.

Auf Grund meiner Erfahrungen und Beobachtungen kann ich sagen, daß Firmen, deren Standort dem von Gebäude A in unserem Beispiel gleicht, mit Gewinneinbußen und mangelhaften Leistungen der Mitarbeiter zu kämpfen haben und wahrscheinlich innerhalb von drei Jahren bankrott gehen. Es besteht auch die Gefahr, daß einer der Geschäftsführer frühzeitig stirbt.

Auch wenn Sie davon ausgehen können, daß viele Gebäude in stark bebauten Stadtgebieten von den Kanten der Nachbargebäude »angegriffen« werden, müssen Sie jedoch zwischen mehr oder weniger schwerwiegenden und gefährlichen Attacken unterscheiden.

Kapitel 13 Ungünstige Strukturen

Wenn Sie ein Gebäude A in den Abbildungen 13.1–7 bereits bezogen haben, gibt es eine recht einfache und preisgünstige Lösung für das Problem: Befestigen Sie Spiegel oder Spiegelfolien in dem Wandbereich, der sich direkt gegenüber der angreifenden Ecke befindet. Wenn sich Fenster genau auf Höhe der Angriffslinie befinden, werden Spiegel ins Fenster gestellt oder die Fensterscheiben mit einer Spiegelfolie abgeklebt.

Den exakten Standort von Hindernissen bestimmen

Vor dem Bau eines Geschäftsgebäudes sollte der Architekt den Bauplatz eingehend besichtigen, um sich mit dem Grundstück sowie der Form der umliegenden Gebäude vertraut zu machen. Dabei sollten schädliche Symbole und Hindernisse in der unmittelbaren Nachbarschaft beachtet werden. Es ist empfehlenswert, den Standort der negativen Symbole oder Hindernisse mit dem Kompaß zu messen. Für die exakte Messung eines solchen Hindernisses sollten Sie sich in den Mittelpunkt des geplanten Gebäudes stellen.

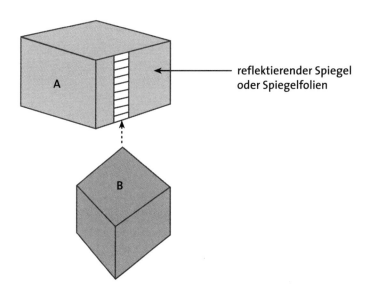

Abbildung 13.8: Spiegel oder Spiegelfolie als Abhilfe.

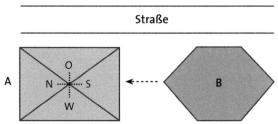

Abbildung 13.9: Führen Sie die Kompaßmessung im Mittelpunkt des geplanten Gebäudes durch. So stellen Sie beispielsweise den genauen Standort der »angreifenden« Ecke von Gebäude B fest. In dieser Abbildung kommt die schädliche Eckenabstrahlung aus 180° Süd.

Weitere Gebäudeangriffe Kapitel 13

Wenn die genaue Richtung der schädlichen Energie gemessen wurde, kann der Architekt geeignete Feng-Shui-Abhilfen in seinen Entwurf einarbeiten, um der schädlichen Wirkung der Gebäudeecke von B entgegenzuwirken. Die Abbildungen 13.10 und 13.11 zeigen Maßnahmen, die der Architekt in das Gebäudedesign integrieren kann.

Weitere Beispiele für Gebäude, die Sie meiden sollten

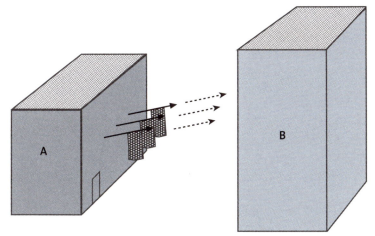

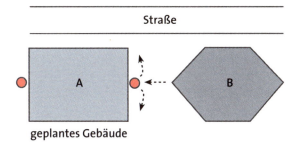

Abbildung 13.10: Installieren Sie auf der gesamten Höhe der »angreifenden« Gebäudeecke zwei große runde, reflektierende Pfosten oder eine Dekoration aus glänzendem Stahl, um die von der Ecke ausgehende Negativenergie abzulenken.

Abbildung 13.12: Die Fahnenmasten an der Fassade von A bedrohen B. Die spitzen Masten wirken wie abgeschossene Pfeile, die auf Gebäude B zielen. Die Menschen, die sich in B direkt in der »Schußlinie« aufhalten, sind am stärksten von dem Angriff betroffen, sie sind nervöser und leiden häufig unter unerklärlichen Ängsten.

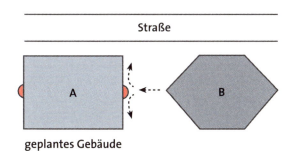

Abbildung 13.11: Ein halbkreisförmiger Vorsprung aus glänzendem Material wird auf beiden Seiten des Gebäudes A installiert. Dieser kann gleichzeitig für einen Abfallschacht oder Abflußrohre dienen.

Kapitel 13 Ungünstige Strukturen

↑ *Abbildung 13.13: Die Kanone vor Gebäude A bedroht B. Auch wenn es nicht funktioniert, richtet das Geschoß eine symbolische Attacke mit »Kanonenwirkung« auf das gegenüberliegende Gebäude. Wenn die Gebäudefront von B auf diese Weise angegriffen wird, leiden die Menschen dort unter nervlichen und mentalen Problemen. Der Gewinn des hier ansässigen Unternehmens oder Geschäfts geht zurück, da Kunden von dieser Bedrohung abgeschreckt werden. Für manche Geschäftsleute mag diese Wirkung zwar etwas unverständlich sein, sie ist aber nicht zu unterschätzen.*

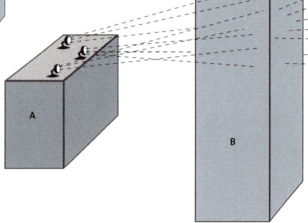

Abbildung 13.14: Auch Satellitenschüsseln prägen heute das Stadtbild. Die Satellitenschüsseln auf Gebäude A sind auf B ausgerichtet und erzeugen schädliche Energielinien. Die starke Strahlung durchdringt B und verursacht bei den dort arbeitenden Menschen zahlreiche Gesundheitsprobleme.

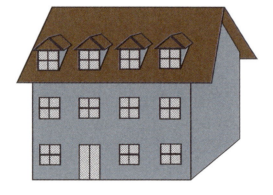

← *Abbildung 13.15: Die spitzen Fenstergiebel an dieser Fassade lenken schädliche Energien in Richtung der Fenster des gegenüberliegenden Gebäudes. Wer dort in den Räumen arbeitet, die den unmittelbaren Giebelattacken ausgesetzt sind, wird verstärkt zu Augenproblemen neigen. Gauben mit steilen Satteldächern sind ein Symbol von Aggression und sollten in alten Zeiten Diebe oder Eindringlinge abschrecken. In der heutigen Zeit sind die freundlicheren Gauben mit Flachdach oder kuppelförmigen Dach zu bevorzugen.*

Angriffe im Eingangsbereich **Kapitel 13**

Angriffe durch Pfosten und Baumstämme

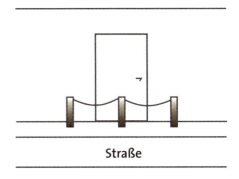

Abbildung 13.16a: Die Pfosten einer scheinbar harmlosen Kettenabsperrung lenken schädliche Energien in Richtung der Eingangstür des Geschäfts.

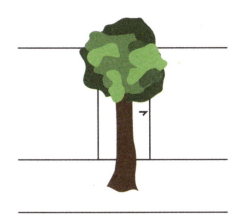

Abbildung 13.17a: Ein kräftiger Baum blockiert die Eingangstür eines Restaurants.

In Salzburg habe ich einen solchen Fall beobachtet. Innerhalb von drei Jahren wechselte ein Laden, vor dem ein solcher Pfosten stand, wegen Geschäftsaufgabe dreimal den Besitzer. Er befand sich in einer gutbesuchten Touristenstraße, in der ansonsten alle Ladengeschäfte auf beiden Straßenseiten erfolgreich waren.

Die obige Abbildung zeigt die Eingangstür eines Restaurants in Luzern. Ein kräftiger Baum mit freistehendem geradem Stamm blockierte hier den Eingang. Vom Stamm gingen schädliche Energielinien aus. Auch wenn dieses Restaurant gutes Essen servierte, war es schlecht besucht. Ich erfuhr, daß in diesen Räumen schon viele Geschäfte bankrott gegangen waren. Vor einem anderen Restaurant, das sich etwa fünfzig Meter weiter in der gleichen Straße befand, stand unterdessen eine lange Warteschlange.

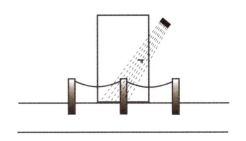

Abbildung 13.16b: Maßnahme für Abbildung 13.16a: Ein Konkavspiegel wird aufgehängt.

177

Kapitel 13 Ungünstige Strukturen

Mit den Techniken der angewandten Kinesiologie testete ich verschiedene Gäste, die das Restaurant mit dem Baum vor der Tür betraten. Ich stellte fest, daß das Immunsystem dieser Menschen geschwächt reagierte, nachdem sie hereingekommen waren. Mit Hilfe eines Biofeedbackgeräts stellte ich fest, daß Blutdruck und Herzfrequenz der Besucher erhöht waren – der Körper versuchte sich vor der »Attacke« durch die Energielinie des Baumstammes zu schützen.

Da man ein von der Stadt installiertes Verkehrsschild, Ampeln oder Bäume nicht einfach entfernen kann, bietet sich folgende Maßnahme an: Hängen Sie einen Konkavspiegel mit einem Durchmesser von etwa 15 cm seitlich oberhalb des Eingangs auf. Richten Sie den Spiegel knapp vor dem Hindernis auf den Boden aus, um die schädlichen Energielinien zu verzerren und zurückzuwerfen. Wenn der Eingang eine Glasfront oder seitliche Fenster hat, können Sie den Spiegel auch ins Fenster stellen. Er muß dann im Vergleich zu einem im Freien aufgehängten Spiegel nicht so häufig geputzt werden, um wirksam zu bleiben.

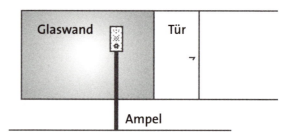

Abbildung 13.18: Der Pfosten einer Ampel greift das Gebäude an.

Eine neue Ampel war vor der Glasfront eines Geschäfts in Hamburg aufgestellt worden. Trotz Stammkundschaft verlor dieses Geschäft innerhalb von zwei Jahren viele Kunden und mußte schließen. Der Grund war die schädliche Energie, die vom Ampelpfosten ausging und das Geschäft durch die Glaswand hindurch attackierte. Die Ampel hätte keine Negativwirkung gehabt, wenn sich auf Höhe des Pfostens eine feste Wand aus Beton oder Ziegeln befunden hätte.

Abbildung 13.17b: Ein Konkavspiegel mit 15 cm Durchmesser wird so aufgehängt, daß er die vom Baumstamm ausgehenden schädlichen Energien verzerrt und reflektiert.

ANGRIFFE AUF GEBÄUDEKOMPLEX **Kapitel 13**

Die Auswirkung angreifender Strukturen auf große Gebäude Ungünstig gestaltete Gebäude wirken sich negativ auf den menschlichen Körper aus. Ob es sich um ein einzelnes Geschäft oder einen großen Gebäudekomplex handelt, der kommerziell genutzt wird – jegliche Negativenergie, die durch Strukturen in der Umgebung, ungünstige Symbole oder angrenzende Gebäude entsteht, hat einen Einfluß auf das Überleben des betreffenden Betriebes und die Gesundheit seiner Mitarbeiter.

Feng-Shui-Probleme, die in einem Einkaufszentrum oder einem großen, mehr als dreistöckigen Geschäftsgebäude auftreten und mehrere Geschäftsführer und Besitzer betreffen, machen sich auf eine etwas andere Weise bemerkbar:

1. Wenn ein großes Geschäftsgebäude oder Einkaufszentrum durch die äußere Umgebung geschwächt wird, kommen insgesamt weniger Kunden.

2. Bei einem Gebäude, das sich mehrere Firmen und Eigentümer teilen, werden die Negativaspekte, die Gesundheitsprobleme auslösen können, auf viele Menschen verteilt. Es dauert länger, manchmal sogar mehrere Jahre, bevor die negativen Auswirkungen spürbar werden. Betrachtet man solche Gebäude, fallen einige Geschäfte auf, die zugemacht haben, während die übrigen immer noch erfolgreich zu sein scheinen. Unter diesen Umständen macht sich die negative Wirkung der Umgebung bei denjenigen schneller bemerkbar, die eine schwächere körperliche Konstitution haben.

Bei Büros und Betrieben ohne Kundenverkehr kann es daher einige Jahre dauern, bis sich die negativen Folgen zeigen. Auch wenn es länger dauert, bis die Auswirkungen ans Licht kommen – es gibt kein Entrinnen.

Wenn ein einzelnes Büro oder Geschäft durch negative Symbole oder Strukturen »attackiert« wird, wirkt dieser Angriff innerhalb eines großen Gebäudes oder Einkaufszentrums viel stärker und ist praktisch tödlich. Ein quadratischer Pfeiler auf Höhe des Geschäftseingangs wirkt sich beispielsweise sehr ungünstig auf die Gesundheit der Besitzer und Mitarbeiter aus. Kunden spüren intuitiv die schädlichen Energien, die vom Pfeiler ausgehen, und betreten den Laden daher erst gar nicht.

Angriffe durch Säulen

Vor fünf Jahren bekam ich den Auftrag, ein sehr ansprechend gestaltetes Einkaufszentrum an der Gold Coast in Australien (wir wollen es hier »A« nennen) zu untersuchen. Dieses befand sich neben einem weiteren Einkaufszentrum (»B«), das keine so schöne Fassade hatte. Von zehn Kunden, die auf diese beiden Einkaufszentren zugingen, betraten nur zwei bis drei Kunden das Gebäude A, während sieben bis acht Menschen auf B zusteuerten.

Das hatte den folgenden Grund: Vor dem Eingang von A befanden sich zwei große, runde, tragende Säulen, die als Hindernisse nicht nur den Eingang teilweise blockierten, sondern auch eine symbolische »Attacke« auf den »Mund« des Gebäudes darstellten (siehe nachfolgende Abbildung).

Kapitel 13 Ungünstige Strukturen

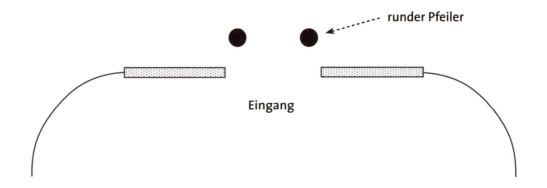

Abbildung 13.19a: Eingang zum Einkaufszentrum A (von oben gesehen)

Wie man die Negativwirkung von Säulen korrigiert Für ein Feng-Shui-Experiment installierte ich vorübergehend zwei Konkavspiegel wie in Abbildung 13.20 eingezeichnet, um die Negativwirkung der beiden aggressiven Säulen zu zerstreuen. Bereits innerhalb von einer Stunde stellte ich fest, daß die Anzahl der Kunden, die nun A betrat, um 30 bis 40 Prozent gestiegen war.

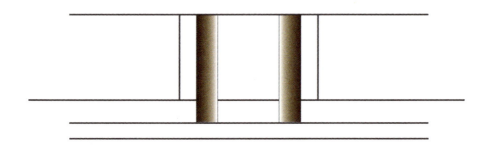

Abbildung 13.19b: Vorderansicht des Gebäudes. Von den beiden tragenden Säulen gehen schädliche Energielinien aus, die den Haupteingang zum Einkaufszentrum A blockieren.

Angriffe durch Säulen Kapitel 13

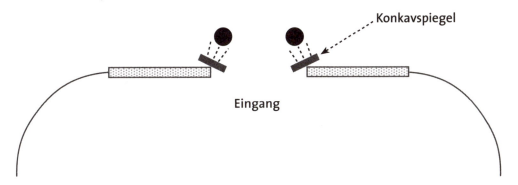

Abbildung 13.20: Die Feng-Shui-Abhilfe für Abbildung 13.19a: Zwei Konkavspiegel mit einem Durchmesser von 15 cm werden von oben auf den Fuß der Säulen ausgerichtet, um deren negative Energielinien zu neutralisieren. Ich empfahl meinem Auftraggeber, sie am besten innen im Schaufenster aufzuhängen, damit sie nicht so schnell verschmutzten und dadurch ihre Wirkung verloren.

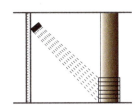

Abbildung 13.21: Der Konkavspiegel bewirkt eine Verzerrung der Säule, die negative Wirkung wird damit aufgehoben.

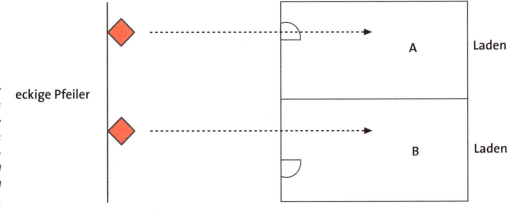

Abbildung 13.22: Wenn die Front aus klarem Glas besteht, wird die schädliche Energielinie der Kante des quadratischen Pfeilers durch das Glas in das Geschäft und damit auf den Besitzer und seine Mitarbeiter gelenkt.

Kapitel 13 Ungünstige Strukturen

Als bereits erwähnte Grundregel gilt, daß eine transparente Glaswand nicht als feste Wand betrachtet werden kann. Daher können die schädlichen Energielinien angreifender Strukturen von außen eindringen. Wenn die Front des Geschäfts zumindest auf Höhe der Pfeiler aus einem festem Material wie Ziegeln oder Beton besteht, ist die Wirkung der schädlichen Energien minimal. Auch von einer runden Säule gehen einige schädliche Energielinien aus, die jedoch weniger negativ sind als die scharfen Kanten einer eckigen Säule.

Es können verschiedene Abhilfen eingesetzt werden, um schädliche Energielinien auch innerhalb eines Geschäfts abzublocken. Eine Rundleiste kann beispielsweise über der »angreifenden« Kante einer Säule befestigt werden. Mehrere natürliche Bergkristalle der dreifachen Daumengröße eines Erwachsenen können im Abstand von einem Meter genau auf Höhe des Kantenangriffs ins Fenster gehängt werden. Eine weitere Alternative ist ein Spiegel, der so aufgehängt wird, daß er auf die Säule ausgerichtet ist, um die ungünstigen Energielinien abzulenken. Voraussetzung dafür ist, daß sich die Säule nicht zu nahe am Eingang befindet, denn der Spiegel würde dann auch günstiges Qi reflektieren.

In vielen Ländern bin ich auf ähnliche Arten von geschäftsschädigenden Hindernissen und negativen Symbolen gestoßen, auf welche die Kunden sehr feinfühlig reagierten. Diese scheinbar harmlosen Strukturen und architektonischen Störfaktoren sind in unserer modernen, überladenen Geschäftswelt häufig anzutreffen. Sie haben dazu beigetragen, daß viele gute Betriebe und fähige, talentierte Geschäftsleute bankrott gegangen sind – ein Versagen, bei dem keine Busineß-Schule und keine Wirtschaftskoryphäe helfen kann.

Angreifende Strukturen

Zusammenfassend sind hier nochmals die oben genannten Punkte nach der Schwere des Angriffs geordnet:

1. Der Eingangsbereich wird von einem anderen Gebäude »attackiert«.
2. Die Vorderseite des Gebäudes wird von einem anderen Gebäude „attackiert„.
3. Die Rückseite des Gebäudes wird von einem anderen Gebäude »attackiert«. Damit wird die Rückendeckung der Firma geschwächt, es kann zum Bankrott kommen.
4. Das Gebäude wird seitlich von einem anderen Gebäude »attackiert«. Wenn sich zwischen den beiden eine stark befahrene Straße befindet oder das »attackierende« Gebäude mindestens 70 bis 100 m entfernt steht, ist der Angriff weniger gravierend.
5. Weitere, weniger starke »Attacken« auf ein Gebäude entstehen durch gerade Pfosten, Lampenpfosten, Haltestellenschilder, Ampeln und freistehende gerade Baumstämme auf Höhe der Tür oder einer Glaswand.

Angriffe im Gebäude **Kapitel 13**

Angreifende und ungünstige Strukturen innerhalb des Büros oder Geschäfts

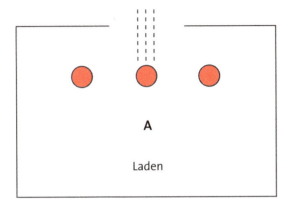

Abbildung 13.23a: Die schädliche Energielinie, die von der Säule A ausgeht, hält Kunden davon ab einzutreten.

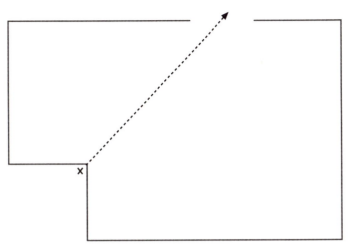

Abbildung 13.24: Die scharfe Kante (X) lenkt schädliche Energien auf hereinkommende Kunden. Darüber hinaus ist eine fehlende Ecke in Geschäfts- oder Büroräumen grundsätzlich ungünstig. Die spitze Ecke kann jedoch durch eine Leiste, eine Dekoration oder eine Stellwand neutralisiert werden. Am stärksten ist der Angriff der Energielinie im Bereich der Winkelhalbierenden.

Abbildung 13.23b: Abhilfe für Abbildung 13.23a: Die Säule A wird attraktiv dekoriert.

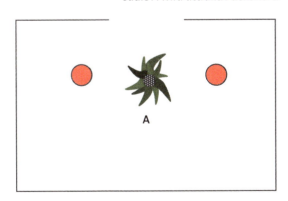

Alles, was wir in der Natur sehen – ob es Steine, Pflanzen, Tiere oder ein menschlicher Körper ist – hat runde beziehungsweise abgerundete Formen. Im Laufe ihrer langen Evolution haben die Menschen gelernt, runde und gewölbte Formen als positiv zu identifizieren, während gerade und spitze Formen wie beispielsweise ein Speer, ein Messer oder eine scharfe Kante als bedrohlich oder gefährlich angesehen werden.

Kapitel 13 Ungünstige Strukturen

Abbildung 13.25a: Scharfe Kante.

Abbildung 13.25b: Abgerundete Ecke.

Fallbeispiel

Ein New Yorker Finanzberater arbeitete in einem Büro wie in Abbildung 13.26a. Täglich litt er unter Kopfschmerzen und Müdigkeit. Sein Gesundheitszustand verschlechterte sich zusehends. Nachdem die Büroeinrichtung verändert, mehr Möbel mit abgerundeten Kanten sowie einige spezielle Feng-Shui-Abhilfen aufgestellt worden waren, verschwanden Kopfschmerzen und Müdigkeit. Seine Arbeitsleistungen haben sich seitdem beträchtlich verbessert.

Scharfe Kanten und Ecken sind im allgemeinen bedrohlicher, da von ihnen auch ein negativer Energiestrahl ausgeht. Eine Arbeitsumgebung mit vielen scharfen Kanten an Wänden, Schränken, Tischen oder Regalen erzeugt eine aggressivere, schädlichere Qi-Energie und eine weniger förderliche Arbeitsumgebung (siehe nachfolgende Abbildung).

Ecken und Kanten **Kapitel 13**

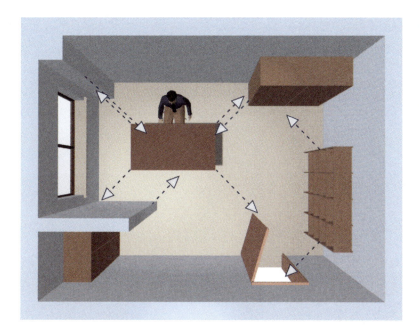

Abbildung 13.26a: Ein Büro mit vielen scharfen Ecken und Kanten, die zahlreiche aggressive und schädliche Energiestrahlen entstehen lassen. Sie führen in der Arbeitsumgebung zu Turbulenzen und Streß und können die Entscheidungsfähigkeit beeinträchtigen.

Abbildung 13.26b: In diesem Büro wurden alle Möbel- und Wandkanten abgerundet und damit die schädlichen Energielinien eliminiert. Es entsteht ein sanfter, weicher Energiefluß, der eine harmonische und entspannende Arbeitsumgebung unterstützt.

Kapitel 13 Ungünstige Strukturen

Vorstehende Deckenbalken Diese Art von Deckenbalken ist in vielen modernen Büros besonders im Erdgeschoß häufig zu finden:

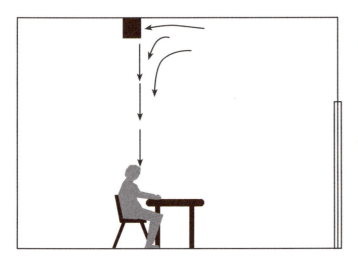

Abbildung 13.27: Eine Person sitzt unter einem vorstehenden Deckenbalken.

Von solchen Deckenbalken geht ein starker Druck aus, der sich auf die darunter sitzende Person auswirkt. Die über die Kante nach unten gelenkte Energielinie ist aggressiv und verursacht unnötigen Streß, der die Arbeitsleistung der betroffenen Person beeinträchtigt.

Ich wurde vom Chef einer großen deutschen Firma gebeten, die Ursache für seine Migräneanfälle festzustellen, die immer nur in seinem Büro auftraten. Sobald er unterwegs war oder sich in anderen Büros aufhielt, hatte er keine Probleme mehr. Sein Sitzplatz befand sich direkt unter einem vorstehenden Deckenbalken. Sobald auf meine Empfehlung eine Zwischendecke eingezogen worden war, um den Deckenbalken verschwinden zu lassen, verschwanden auch die Beschwerden des Mannes.

Tür

Ungünstiger Grundriß

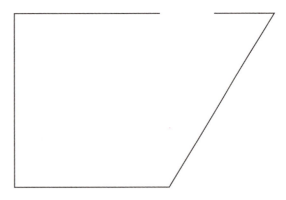

Abbildung 13.28a: Diese Grundrißform ist ein Symbol für Armut. Wer hier arbeitet, dem fehlt es an Erfolg. Vermeiden Sie für Ihre Geschäftsräume Grundrisse, die sich nach hinten verjüngen.

ENERGIEVERLUSTE **Kapitel 13**

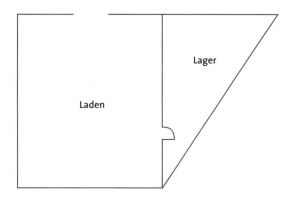

Glas auf der Rückseite des Ladens oder Büroraumes Im Business Feng Shui sagt man, daß ein Geschäft oder ein Büro mit einer Glaswand auf der Rückseite eine schwache Rückendeckung und damit fehlende Unterstützung bedeutet. Es wird geschätzt, daß 80 Prozent solcher Geschäfte innerhalb von drei Jahren pleite gehen, da es ihnen an der Unterstützung durch Kunden und/oder durch die Bank mangelt.

Abbildung 13.28b: Abhilfe für 13.28a. Die Tür wird versetzt, und der dreieckige Bereich wird zum Lagerraum. Jetzt hat das Geschäft eine symmetrische Grundfläche.

Eine Anordnung wie in Abbildung 13.29 ist in modernen Büros häufig zu finden. Die Bewohner haben Gesundheitsprobleme und können sich nicht ausreichend konzentrieren, um gute Entscheidungen zu treffen.

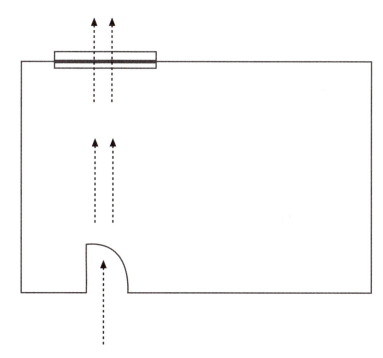

Abbildung 13.29: Vitale Qi-Energie und Sauerstoff gehen verloren, wenn eine Tür einem Fenster oder einer Glaswand direkt gegenüberliegt.

187

Kapitel 13 Ungünstige Strukturen

Geeignete Feng-Shui-Maßnahmen, um zu verhindern, daß Qi-Energie entweicht:
1. Eine große buschige Pflanze von mindestens einem Meter Höhe zwischen Tür und Fenster stellen.
2. Eine Trennwand zwischen Tür und Fenster einziehen.
3. Ein Windspiel, dessen längster Klangstab 38 cm mißt, im Abstand von 30 cm vor dem Fenster aufhängen.
4. Einen natürlichen klaren Bergkristall (Trommelstein oder rund geschliffen von dreifacher Daumengröße eines Erwachsenen) in der Mitte des großen Fensters aufhängen.
5. Einen Teil der Glaswand entweder durch eine massive Wand ersetzen oder einen sanft gerundeten Stein von ca. 50 cm Höhe aufstellen. Es kann auch ein großes Bild aufgehängt werden, das eine Bergkette zeigt, um eine starke symbolische Unterstützung und Rückendeckung herzustellen. Wird eine dieser Abhilfen eingesetzt, kann der Wohlstands- und Erfolgsfaktor eines Geschäfts oder Betriebes von 30 bis 40 Prozent auf 80 bis 90 Prozent angehoben werden. Das bedeutet in der Regel, daß geschäftliche Schwierigkeiten abgewendet und Profit gemacht werden kann.

Bodenmuster und Symbole

Die Symbole, die wir auf dem Boden eines Gebäudes, in einem Einkaufszentrum oder auf einem öffentlichen Platz finden, sind ein Ausdruck der Gefühlswelt und Absicht des Designers. Häufig folgt ein Muster einem bestimmten Trend oder einer persönlich bevorzugten Form. Wenn die Kreativität im Vordergrund steht, wird die energetische Wirkungsweise jedoch oft übersehen. Bewußt nach Feng-Shui-Prinzipien eingesetzte Muster und Symbole können die Raumwirkung jedoch sinnvoll unterstützen.

Als ich Bodenmuster und Symbole in westlichen Ländern untersuchte, war ich über deren Aussage und Wirkung sehr bestürzt. Meist folgten sie nur einer Mode, aber keinem bestimmten Zweck. Manche Muster waren sogar dazu angetan, Kunden von bestimmten Geschäften fernzuhalten. Diese Wirkung war sicherlich nicht beabsichtigt.

Dabei können verschiedene Bodenmuster auf Kunden anziehend wirken und diese in einen bestimmten Bereich führen oder auch

massive Wand

Abbildung 13.30: Feng-Shui-Maßnahmen bei Glaswänden.

anzeigen, daß sie zu einem Raum oder Büro aus Sicherheitsgründen keinen Zutritt haben. In manchen Einkaufszentren sieht man farbige Fußabdrücke auf dem Boden, die den Weg in ein Geschäft weisen – eine praktische, wenn auch nicht sehr elegante Lösung. Es gibt viel subtilere Muster, die trotzdem die gewünschte Wirkung erzielen. Im Rahmen dieses Buches kann jedoch nur auf die Grundprinzipien eingegangen werden. Ausführlicher finden Sie dieses Thema in meinen Kursen behandelt. Nachfolgend finden Sie einige Beispiele, die bestimmte Effekte veranschaulichen sollen.

Horizontale Bodenmuster

Abbildung 13.32: Dieses horizontale Streifenmuster ist breiter als das vorige. Es zeigt ebenfalls an, daß man nicht willkommen ist. Man darf nur langsam weitergehen.

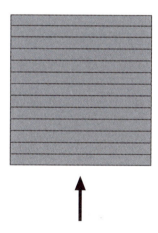

Abbildung 13.31: Ein in Geschäftsgebäuden häufig anzutreffendes Muster. Sehr eng gesetzte horizontale Streifen haben eine bremsende Wirkung – man fühlt sich nicht willkommen und kann nur langsam weiter geradeaus gehen. Diese Art von Muster verlangsamt auch den günstigen Qi-Fluß in einem Gang oder Foyer.

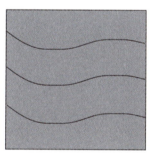

Abbildung 13.33: Hier folgt man der Wellenlinie unwillkürlich bis zum Rand und kann nur mit Anstrengung langsam weiter geradeaus gehen. Viele Menschen folgen dem Verlauf des Wellenmusters unbewußt und können stolpern oder in einen an der Seite stehenden Gegenstand hineinlaufen.

Kapitel 13 Ungünstige Strukturen

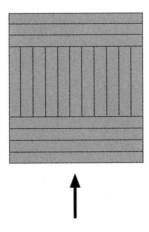

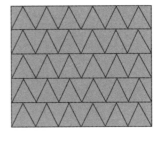

Abbildung 13.34: Achtung, Ihre Bewegungen werden genau überwacht! Dieses Muster zeigt an, daß die Vorwärtsbewegung kontrolliert wird. Wenn man unbedingt weitergehen will, wird man im Bereich der vertikalen Linien genau überprüft und kann danach langsam fortschreiten. Dieses Muster ist für Verkaufsräume ungeeignet, für Finanzinstitute und Banken aber akzeptabel. Ein solches Muster auf der Treppe kann helfen, Unfälle zu vermeiden.

Abbildung 13.35: Das Zickzackmuster weist Kunden ab. Wenn man unbedingt hereinkommen möchte, kann man den nach innen gerichteten Pfeilen folgen.

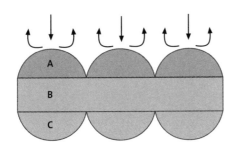

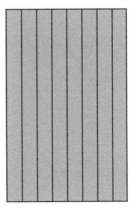

Abbildung 13.36: Dieses Bogenmuster zeigt an, daß man sich zurückhalten soll. Lassen Sie sich Zeit, und achten Sie auf Ihre Schritte! Wenn man den Bereich A allerdings einmal betreten hat, kann man in den Bereich B und dann in C gehen, wo man »umarmt« und herzlich willkommen geheißen wird.

Abbildung 13.37: Ein vertikal verlaufendes Muster, das anzeigt, daß man so schnell wie möglich und auf direktem Wege herkommen soll.

Ein vertikal verlaufendes Muster ist günstig für das Foyer und den Eingangsbereich eines Einkaufszentrums. Dieses Muster sollte aber nicht in allen Bereichen verlegt werden, denn es bringt die Qi-Energie und den Sauerstoff sehr schnell in Bewegung und veranlaßt die Menschen, zu schnell zu gehen. In einem Einkaufszentrum ist das nur bedingt sinnvoll, denn die Kunden sollen einerseits schnell in die Verkaufsbereiche gelangen, wenn sie aber dort angekommen sind, sollten sie sich beim Einkaufen Zeit lassen können und nicht gleich durch unruhige Bodenmuster weitergeleitet werden. Für diese Zwecke können horizontale Muster (wie in Abbildung 13.31) und vertikale Muster (Abbildung 13.37) geschickt kombiniert werden.

Mit Hilfe der in diesem Kapitel gezeigten Prinzipien sollen Sie dafür sensibilisiert werden, gute Büro- und Geschäftsräume zu finden. Es ist beunruhigend zu sehen, wie ein Geschäft aufgrund von Feng-Shui-Problemen bankrott geht, die jenseits der Kontrolle der Geschäftsleute liegen. Es ist zu hoffen, daß sich mehr und mehr Unternehmer mit den Prinzipien des Feng Shui vertraut machen und harmonische, benutzerfreundliche Geschäftsgebäude, Ladengeschäfte und Büros gestalten lassen.

Fallbeispiele

- In einem kalifornischen Einkaufszentrum wurde das in Abbildung 13.35 beschriebene Zickzackmuster verwendet. Vielleicht wünschte man sich weniger Kunden? Innerhalb von zwei Jahren gingen die Umsätze spürbar zurück. Ein neuer Innenarchitekt deckte das Zickzackmuster mit einem einfarbigen Teppich ab und schaffte damit kundenfreundlichere Wege. Danach waren die Geschäfte wieder gut frequentiert und erfolgreich.
- In einer Einkaufspassage wurde ein ähnliches Bodenmuster wie in Abbildung 13.37 verwendet. Es lenkte die Kunden zu schnell ans Ende der Passage. Dadurch waren die Geschäfte im Eingangsbereich im Nachteil und verloren Kunden. Für den scheinbar besseren Standort am Eingang mußten sie jedoch mehr Miete zahlen als die anderen Läden.

Da die Eigentümer der Einkaufspassage mangels Rentabilität nicht weiter investieren wollten, wurde ein neuer Besitzer gefunden, der bei seinen Renovierungsarbeiten das vertikale Streifenmuster durch ein fünfblättriges Blütenmuster ersetzte. Die neue Gestaltung zog mehr Kunden an, und die Geschäfte in der Passage und der Umgebung steigerten ihre Einnahmen.
Da dieser Platz nun so erfolgreich geworden war, wurde er schließlich zum Mittelpunkt des neu darüber gebauten Einkaufszentrums.

Kapitel 14

Schädliche Erd- und Raumenergien

Kapitel 14 — Störfelder und Schadstoffe

Schädliche Erd- und Raumenergien

Ein leerer Raum ist wie ein freies Feld. Sobald sich hier aber Möbel, Teppiche, technische Geräte und andere Einrichtungsgegenstände befinden, entstehen Hindernisse und diverse Energien. Spezielle Wechselwirkungen entstehen auch durch die unterschiedlichen Baumaterialien. Des weiteren strahlen verschiedene Erdenergien von unten in den Raum hinein.

Wenn ein Raum in sich abgeschlossen und nur wenig belüftet ist, kann er Gesundheit und Leistungen der hier arbeitenden Personen stark beeinträchtigen. In diesem Kapitel möchte ich einige gesundheitsschädliche Energien und ihre Auswirkungen beschreiben. Ich werde auch auf Strukturen in der unmittelbaren Umgebung eingehen, welche die Arbeitsleistung verschlechtern können.

Geopathische Störfelder

Diese Art von aggressiver Strahlenbelastung entsteht im allgemeinen durch unterirdische Wasserläufe. Je nach Gebäudestruktur und Baumaterialien können sich die Strahlen sammeln und beim Aufsteigen in höhere Stockwerke noch verstärken. Daher können durch Wasseradern verursachte Störfelder in Hochhäusern auch noch im 50. Stock (!) festgestellt werden.

In den letzten Jahren haben mich fünfzehn Großfirmen, die zum Teil international arbeiten, um eine Feng-Shui-Untersuchung gebeten, um herauszufinden, was der Grund für ihre mangelnde Rentabilität sei. In 60 Prozent der Fälle saßen die obersten Führungskräfte auf geopathischen Störfeldern, die durch unterirdische Wasserläufe verursacht wurden (siehe auch Abbildungen 14.1–3). 20 Prozent der Top-Führungskräfte saßen auf Störfeldern, die man als »Schwarze Ströme« bezeichnet, welche in diesem Kapi-

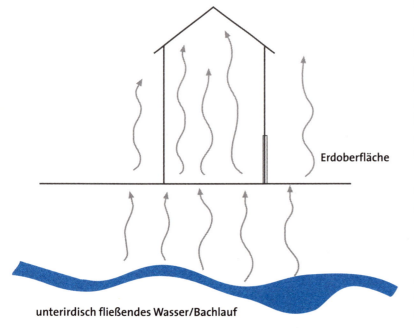

Abbildung 14.1: Ein Gebäude wird durch geopathische Störfelder beeinträchtigt, die durch Wasseradern entstehen.

tel noch näher erklärt werden. In weiteren 10 Prozent der Fälle hatten die Büros sehr schlechtes Feng Shui. Bei nur 10 Prozent waren die Probleme dem Management und veralteten Produkten zuzuschreiben.

Geopathische Störfelder entstehen durch die Reibung des Wassers, das sich schnell über unterirdische Gesteinsflächen bewegt. Durch bestimmte Druckverhältnisse im Erdreich kann in manchen Fällen zusätzlich eine krankmachende Mikrowellenstrahlung entstehen.

Erfahrene Rutengänger und Ärzte der Naturheilkunde in Europa haben bestätigt, daß 80 Prozent und mehr der Krebserkrankungen durch geopathische Störfelder verursacht werden. Eine beträchtliche Anzahl deutscher Ärzte stimmt diesen Forschungsergebnissen zu. Die *Dulwich Society* in Großbritannien untersuchte 25 000 Patienten und bestätigte, daß mehr als 95 Prozent der Krebspatienten regelmäßig geopathischen Störfeldern ausgesetzt waren.

Ich habe bei Geschäftsleuten, die auf solchen Störfeldern sitzen, festgestellt, daß sich ihre Atmung und ihr Herzschlag beschleunigen. Sie ermüden leicht und trinken ständig Kaffee, um ihren Energiepegel anzuheben. Im allgemeinen sind diese Führungskräfte nicht in der Lage, sich auf ihre Aufgaben zu konzentrieren oder gute Entscheidungen zu treffen. Die Betroffenen leiden unter Herzproblemen und anderen degenerativen Erkrankungen und können deshalb nicht die gewünschten Leistungen erbringen. Bei meinen Untersuchungen ergab sich auch, daß sensible computergesteuerte Geräte auf geopathischen Störfeldern häufiger Defekte hatten oder schlecht funktionierten, wenn die Störfeldstrahlung besonders stark war.

Am besten ist es, die Störfelder zu meiden. Wenn das nicht möglich ist, kann die geopathische Strahlung mit Hilfe einer speziellen Platte oder einem »Harmonisierer« aus natürlichem Bergkristall gestreut werden. Diese Abhilfen werden vorzugsweise im Keller eines mehrstöckigen Gebäudes angebracht, um alle darüberliegenden Stockwerke abzuschirmen.

Schwarze Ströme
Die Bezeichnung »Schwarze Ströme« steht für eine feinstoffliche graue oder dunkle Strahlung, die vom Boden her aufsteigt, die Lunge belastet und häufig zu Depressionen führt. Schwarze Ströme können durch stagnierendes Wasser und verrottende Vegetation entstehen, die sich in einem unterirdischen Becken sammelt, oder durch eine unterirdische Talsenke, in der sich abgestandenes oder fauliges Wasser befindet. Die Strahlung kann sich über einige Meter bis hin zu einigen Kilometern erstrecken und damit auch das Oberflächenwasser belasten.

In den letzten drei Jahren haben Erdbeben in vielen Teilen der Welt unterirdische Schwarze Ströme entstehen lassen. Eine große Anzahl von ihnen hat sich auch in Deutschland, Österreich und den USA gebildet.

Geschäftsgebäude und insbesondere Verkaufsräume haben unter den Auswirkungen sehr zu leiden, die durch einen darunterliegenden Schwarzen Strom verursacht werden.

Kapitel 14 Störfelder und Schadstoffe

Kunden werden sich dort beim Einkaufen unwohl fühlen, weil sie dieses Störfeld intuitiv wahrnehmen.

Erfahrende Feng-Shui-Berater und Geobiologen können die entstandene negative Energie mit Hilfe verschiedener Techniken freisetzen oder umlenken und damit die Gesundheit und Vitalität der Menschen, des Geschäfts sowie des Grundstücks wiederherstellen. Es ist eine gute Investition, die Dienstleistungen eines erfahrenen Feng-Shui-Beraters in Anspruch zu nehmen, der über gute Fachkenntnisse im Bereich Erdenergien verfügt und einen Platz bereits vor Baubeginn untersuchen kann. Auf diese Weise können unnötig hohe Kosten vermieden werden, denn bei bereits fertiggestellten Gebäuden ist die Installation der Feng-Shui-Abhilfen aufwendiger und beträchtlich teurer.

Erdverwerfungen

Erdverwerfungen sind Risse, die durch unterirdische Erdbewegungen, Erdbeben oder Bombenabwürfe in der Erdkruste entstanden sind (siehe Abbildungen 14.2–3). Je tiefer die Risse, desto gefährlicher ist die davon ausgehende Strahlung für Mensch und Tier.

Erdverwerfungen erstrecken sich oft über weite Entfernungen, von einigen Metern bis hin zu mehreren Kilometern. Es können subtile wogenartige Erdenergien freigesetzt werden, die starken Streß auslösen und die Arbeitsleistung beeinträchtigen.

> **Fallbeispiel**
>
> In einer österreichischen Holzfabrik verlief genau in der Gebäudemitte eine Verwerfungslinie. Durch die aufsteigende Erdstrahlung und andere Energien hatten die Mitarbeiter, die auf der rechten Seite des Gebäudes arbeiteten, das Gefühl, der Boden unter ihnen sei ständig in Bewegung. Besonders im rechten Bereich des Fabrikgebäudes gab es viele Unfälle; bei den Mitarbeitern traten vermehrt Gesundheitsprobleme auf. Der Boden des Gebäudes hatte in der Mitte sogar einen Riß.
> Es wurden nun einige Feng-Shui-Maßnahmen eingesetzt, um die aggressive aufsteigende Strahlungsenergie zu streuen und zu neutralisieren. Wenn dieser Standort vor Baubeginn von einem erfahrenen Feng-Shui-Experten mit Kenntnissen in Erdakupunktur sorgfältig überprüft worden wäre, hätten die Unfälle und die damit verbundenen geschäftlichen Probleme vermieden werden können.

ERDVERWERFUNGEN **Kapitel 14**

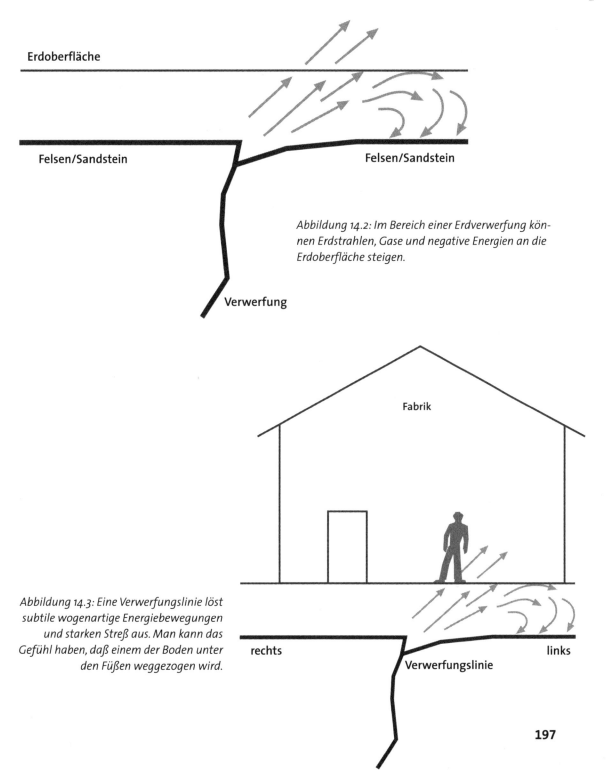

Abbildung 14.2: Im Bereich einer Erdverwerfung können Erdstrahlen, Gase und negative Energien an die Erdoberfläche steigen.

Abbildung 14.3: Eine Verwerfungslinie löst subtile wogenartige Energiebewegungen und starken Streß aus. Man kann das Gefühl haben, daß einem der Boden unter den Füßen weggezogen wird.

Kapitel 14 Störfelder und Schadstoffe

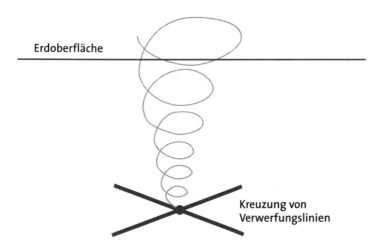

Erdwirbel

Erdwirbel sind Spiralen aus aggressiven Erdgasen oder Energien, die aus dem Untergrund aufsteigen. Häufig entstehen sie bei bestimmten Mineralienkonzentrationen, unterirdischen Höhlen oder im Bereich von Erdverwerfungskreuzungen. Im allgemeinen sind Erdwirbel negativ und beeinträchtigen die Leistungsfähigkeit, wenn man sich direkt darüber aufhält.

Abbildung 14.4a: Kreuzung zweier Erdverwerfungslinien mit Erdwirbel

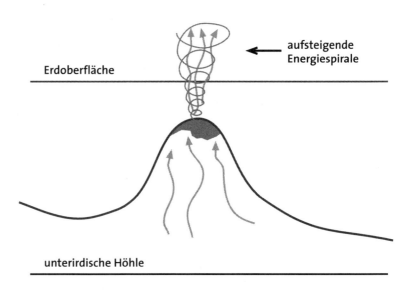

Abbildung 14.4b: Eine unterirdische Höhle erzeugt einen starken nach oben aufsteigenden Wirbel.

Erdwirbel Kapitel 14

Es gibt jedoch auch positive Erdwirbel. In alter Zeit nutzten die europäischen, indianischen und taoistischen Meister diese Wirbel für viele gute Zwecke. Häufig wurden große Steine über Wirbeln plaziert, die sich positiv – im Uhrzeigersinn – drehten. Auf diese Weise konnten die Erdenergien zur Heilung und für Ritualzwecke eingesetzt werden (siehe Abbildung 14.5). Solche alten, isoliert stehenden Steine sind immer noch in Irland, Großbritannien und anderen Teilen Europas zu finden.

In einzelnen Geschäftsgebäuden oder Einkaufszentren können positive Energiewirbel angezapft werden, um die Vitalität und Leistungsfähigkeit der Mitarbeiter zu steigern. Ich habe außerdem festgestellt, daß eine kräftige positive Energiespirale im Foyerbereich außergewöhnlich viele Kunden anlockt, denn die abstrahlenden sanften Heilenergien ziehen kosmische Lebensenergie und Sauerstoff an und werden damit zum Kundenkatalysator (siehe Abbildung 14.6). Ein erfahrener Feng-Shui-Berater mit umfassenden geobiologischen Kenntnissen kann für diese Zwecke positive Erdspiralen identifizieren und so kraftvolle Geschäftsräume entstehen lassen.

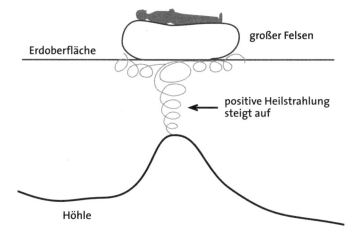

Abbildung 14.5: Ein kranker Mensch erfährt Heilung über die von einem Stein ausgehende Strahlung.

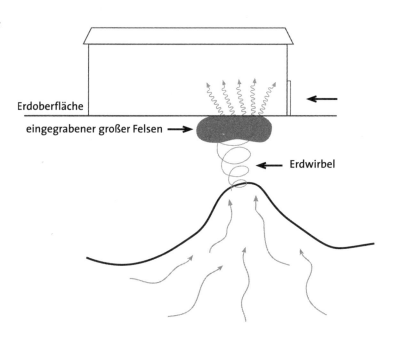

Abbildung 14.6: Ein großer Stein absorbiert die Wirbelenergien, lenkt sie um und gibt sanfte, stärkende Energie ins Gebäude ab.

Kapitel 14 — Störfelder und Schadstoffe

Computerstrahlung und Elektrosmog

Im 21. Jahrhundert unterliegen die Arbeitsbedingungen einem schnellen Wandel, die Arbeitsabläufe beschleunigen sich, und es werden immer höhere Leistungen verlangt. Dies führt zu erhöhtem Streß. Viele Menschen leben bereits unter solchen Bedingungen. Die zahlreichen elektronischen Geräte sind zwar für die erhöhte Geschwindigkeit und Effizienz am Arbeitsplatz notwendig, erzeugen aber auch elektrische, magnetische sowie elektromagnetische Felder und damit viel Elektrosmog – und zusätzliche Belastungen. Es ist auch wissenschaftlich erwiesen, daß starker Elektrosmog am Arbeitsplatz das Immunsystem schwächt.

Aus modernen Büros sind Computer und andere elektronische Geräte, die ein effizientes Arbeiten ermöglichen, nicht mehr wegzudenken. Da es den Herstellern für gewöhnlich eher um Einsparungen bei der Produktion sowie um die Produktlebensdauer geht, wird die Überprüfung schädlicher Auswirkungen auf die Menschen, welche die Geräte bedienen, eher vernachlässigt.

Umfangreiche Untersuchungen in Kanada und Großbritannien haben jedoch bestätigt, daß beispielsweise Schwangere, die einen Computerarbeitsplatz haben, häufiger Kinder zur Welt bringen, die Mißbildungen haben und unter Organschäden wie zum Beispiel Herzfehlern oder unter einer Unterfunktion des Immunsystems leiden. Kinesiologen, die mit speziellen Testverfahren arbeiten, sowie Ärzte in Deutschland und Großbritannien, die Biofeedbackgeräte einsetzen, haben

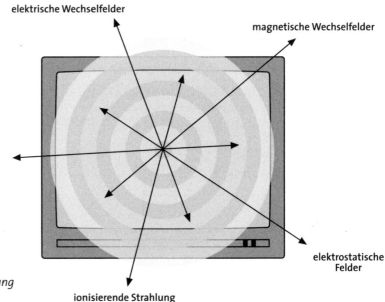

Abbildung 14.7: Strahlenbelastung durch Bildschirme.

herausgefunden, daß die Schaltkreise im Körper gestört und das Immunsystem geschwächt werden, wenn eine Person regelmäßig am Computer arbeitet.

Vom Bildschirm wie auch von der Betriebseinheit geht nach allen Seiten hin eine starke Strahlung aus, die noch im Abstand von bis zu zwei Metern meßbar ist. Daher sollte auch niemand weniger als zwei Meter von der Rückseite eines Computers entfernt sitzen, selbst wenn sich innerhalb dieses Bereiches eine Trennwand befindet. Eine Trennwand bietet keinen sicheren Schutz vor der magnetischen Strahlung oder den Radio- oder Mikrowellen, die von manchen Geräten ausgehen. Man kann sich teilweise schützen, indem man jeweils einen Bergkristall von dreifacher Daumengröße eines Erwachsenen vor und hinter den Computer legt, um die Strahlung zu streuen.

Der in modernen Büros auftretende Elektrosmog ist gesundheitsschädlich. Wenn er eingeatmet wird, schwellen die Lungenzellen an und werden in ihrer Funktion beeinträchtigt. Damit verringert sich auch die Sauerstoffaufnahme. Diese Reaktion kann wiederum zu Allergien führen.

Deshalb sollten Räume mit einer solchen Belastung häufig gelüftet werden. Ein effizientes Ventilationssystem ist für ein Büro mit zahlreichen Computern und elektronischen Geräten äußerst wichtig. Moderne Büroräume sollten am besten im vorhinein – ohne zusätzlichen Kostenaufwand – so geplant werden, daß eine schwere Elektrosmogbelastung vermieden wird. Verständlicherweise können nur spezialisierte Architekten, die über Kenntnisse in Baubiologie verfügen, ein solches Design anbieten, da die entsprechenden Methoden und Techniken in den meisten Architekturausbildungen an der Universität leider nicht immer unterrichtet werden.

Schadstoffbelastungen in Büroräumen Zunächst einmal möchte ich einige Fakten zum Thema Schadstoff- und Strombelastung aufzählen:
• Beim Bau moderner Büro- und Geschäftsgebäude wird eine Vielzahl von Materialien eingesetzt. Künstlich hergestellte Stoffe können jedoch giftige Gase freisetzen. In der Baubiologie sind Hunderte von Toxinen bekannt, wie zum Beispiel Formaldehyd, Benzol, Chloroform, Xylen, Toulen, Azeton, Ammoniak, Trichlorethylen usw.
• Studien in der Schweiz und in Österreich haben bestätigt, daß auch von Stahlbeton negative Strahlungen ausgehen, die noch in einem Abstand von 30 cm zu den Innenwänden festgestellt werden können.
• Eine weitere Problematik besteht in der Luftbelastung der Innenräume. Für eine bessere Schall- und Wärmedämmung werden die Räume häufig komplett abgedichtet, so daß keine frische Außenluft eindringen kann. Da die Luft in den Räumen eher trocken ist, werden in manchen Büros Luftbefeuchter eingesetzt. Auch wenn der über den Luftbefeuchter verteilte Wasserdampf durch magnetische Felder belastet ist, kann er zumindest einen Teil des Elektrosmogs binden und damit die Luftqualität etwas verbessern.
• In modernen Gebäuden, die in den letzten 20 Jahren gebaut wurden, gibt es zahlreiche

Kapitel 14 Störfelder und Schadstoffe

Steckdosen und elektrische Geräte wie Computer, Kopierer und Faxgeräte, die zu einer hohen elektrischen und magnetischen Belastung führen und ungesunden Elektrosmog verursachen.

• Amerikanische und russische Wissenschaftler haben festgestellt, daß Menschen, die sich in einem geschlossenen Raum aufhalten, neben Kohlendioxid mehr als 150 flüchtige Substanzen abgeben. Die Menge an toxischen Gasen und Giftstoffen, die eine Person freisetzt, hängt von ihrem Gesundheitszustand und ihrer Ernährung ab. Damit tragen wir selbst zu der toxischen Belastung bei, die unsere Arbeitskollegen krank macht.

Häufig auftretende Gesundheitsprobleme

Unsere Vorfahren wären noch vor 100 Jahren eines frühen Todes gestorben, wenn sie der hochbelasteten Luft in modernen Büroräumen ausgesetzt gewesen wären. Die häufigsten Gesundheitsprobleme, die in modernen Büros auftreten, sind Allergien, Reizungen von Augen, Nase und Hals, Kopfschmerzen, Stauungen in den Nebenhöhlen und Atemwegen, Tinnitus (Ohrgeräusche), Asthma und allgemeine Müdigkeitserscheinungen. Diese Gesundheitsprobleme führen dazu, daß Firmen jährlich Arbeitsausfälle in Milliardenhöhe haben.

Kranke Gebäude

Auch wenn durch Klimaanlagen das Problem der Luftzirkulation in den Innenräumen gemindert wird, ist eine Klimaanlage an sich gesundheitsgefährdend, da es unmöglich ist, alle Rohre und Filter regelmäßig zu reinigen. Als ich Wartungsfirmen für Klimaanlagen in Europa und Asien befragte, war ich erstaunt zu hören, daß die Filter nur alle sechs Monate oder sogar nur einmal im Jahr gereinigt werden. In schlecht belüfteten Gebäuden siedeln sich daher oft Milliarden von Bakterien und Pilzen an, und durch die belastete Luft werden die Mitarbeiter häufiger krank.

Ich erinnere mich, wie ich selbst in den 70er Jahren in einem modernen Bürogebäude in der belebten Orchard Road in Singapur arbeitete. Etwa ein Drittel der Mitarbeiter, darunter ich, begaben sich mindestens einmal im Monat wegen Lungenproblemen und Allergien zum Firmenarzt. Heute würde man dieses Gebäude aus den 60er Jahren als »krank« bezeichnen. Auch Gebäude, die durch Strahlungen von einem »Schwarzen Strom« oder Erdverwerfungen betroffen sind, weisen einen höheren Pilz- und Bakterienbefall auf und sind daher ebenfalls zu den »kranken« Gebäuden zu zählen.

Das können Sie gegen die Schadstoffbelastung in Räumen tun

70 bis 80 Prozent der natürlichen frischen Außenluft gehen uns verloren, wenn wir ein Gebäude errichten und die Türen und Fenster schließen. Um trotzdem auch in Innenräumen gesund zu bleiben, schauen wir am besten zurück in die Natur, um eine Antwort zu finden. Die Natur zeigt uns die beiden besten natürlichen Lösungen: fließendes Wasser und Zimmerpflanzen. Gesunde Pflanzen bieten uns in Innenräumen, ebenso wie draußen im Freien, die beste Unterstützung.

Der Mensch hat im übrigen einen ähnli-

Zimmerpflanzen Kapitel 14

chen Ursprung wie die Pflanzen. Die DNS-Struktur unserer Zellen ähnelt in vielerlei Hinsicht der pflanzlichen Zellstruktur (siehe auch Abbildung 2.10a in Kapitel 2). Die drei zusammenhängenden Achten bilden das Symbol des Lebens, das in menschlichen wie auch pflanzlichen Zellen enthalten ist. Pflanzen reagieren auf ihre Umwelt meist sensibler und empfänglicher als der Mensch. Daher können wir auch mental und verbal mit den Pflanzen kommunizieren. Sie spüren, ob wir freundlich oder aggressiv eingestellt sind, und reagieren entsprechend.

Pflanzen in Büro- und Geschäftsräumen

Neben Wasser sind Pflanzen die zweitwichtigste Maßnahme im Feng Shui. Die Farbe Grün wirkt entspannend, und der Anblick blühender Pflanzen fördert das Wohlbefinden. Richtig plaziert, können große buschige Pflanzen sogar schalldämpfend wirken. In jedem Büro sollte sich zur Luftreinigung und -befeuchtung mindestens eine Pflanze befinden, die etwa einen Meter hoch ist und eine große Blattoberfläche hat. In einem Büro mit Computern und zahlreichen elektrischen Geräten sollten mindestens zwei buschige Pflanzen aufgestellt werden, um die Luft zu filtern.

Kranke Pflanzen sollten sofort entfernt werden, da auch sie die Gesundheit der Menschen gefährden können. Wenn Sie keinen »grünen Daumen« haben, besteht die Möglichkeit, Pflanzen zu mieten und alle vierzehn Tage austauschen zu lassen.

Die Pflanzen sollten in Blumenerde gesetzt werden, damit die aufgenommenen Toxine und Mikroben von den in der Erde lebenden Bakterien aufgespalten werden können, was bei Hydrokulturgranulat nicht möglich ist. Ein Teil der Erde sollte einmal im Jahr ausgetauscht werden, um Giftstoffe zu entfernen und die Gesundheit und Leistungsfähigkeit der Pflanzen zu erhalten. Wenn der Raum sehr dunkel ist, sollten Sie zusätzlich Pflanzenleuchten einsetzen.

Welche Pflanze absorbiert welche Giftstoffe?

Von der amerikanischen Raumfahrtgesellschaft NASA gibt es ausführliche Forschungsarbeiten zum Thema Schadstoffabsorption durch Zimmerpflanzen. Verschiedene Pflan-

Formaldehyd	Gerbera, Bambuspalme, Zwergdattelpalme, Gummibaum, Efeu, Feige, Friedenslilie, Drachenbaum, Philodendron, Chrysantheme
Xylen, Tuluol	Zwergdattelpalme, Drachenbaum, Friedenslilie
Strahlenbelastung	Bogenhanf, Aloe Vera, Kalanchoe

Tabelle 14: Zimmerpflanzen.

Kapitel 14 Störfelder und Schadstoffe

zen wurden in Raumschiffen mitgeführt, um die Astronauten während des Aufenthalts im Weltraum gesund zu halten. Die in Tabelle 14 aufgeführten Pflanzen filtern die Raumluft am effektivsten und entziehen ihr Giftstoffe und schädliche Gase.

Im modernen Büro ist eine Feng-Shui-Maßnahme in Form eines kleinen »Gartenbereichs« zu empfehlen, in dem viele Pflanzen stehen und wo reichlich Wasser fließt, um die Luft rund um die Uhr zu reinigen und zu beleben. Zimmerbrunnen und Zimmergärten sorgen für eine wesentliche Verbesserung der Luftqualität und ziehen verstärkt kosmische Energie an. Natürlich müssen diese Abhilfen im Gebäude gemäß der Feng-Shui-Richtlinien und im Einklang mit den Elementen und Personen richtig plaziert sein, um optimale Ergebnisse zu erzielen.

Nach dem Prinzip der Fünf Elemente im Feng Shui sollte beispielsweise eine Person, deren Geburtsjahreselement Erde oder Metall ist, Pflanzen nur in einer Entfernung von mindestens zwei Metern aufstellen. Da Pflanzen zum Element Holz gehören, laugen sie die Energie einer Erdperson aus (Holz bricht Erde auf), während eine Person mit Metallelement mit den Pflanzen in ständigem Konflikt stehen würde (Metall schneidet Holz). Durch diesen Konflikt würde die positive Wirkung der Zimmerpflanzen auf das Raumklima verringert werden.

Welche Zimmerpflanzen sind zu meiden?

Nicht alle Pflanzen sind bürotauglich. Die Yucca-Palme hat als Wüstenpflanze einen starken Überlebensinstinkt und »attackiert« mit ihren spitzen Blättern Bürobesucher und Kunden. Sie ist zwar pflegeleicht, sollte aber nicht in Geschäftsräumen aufgestellt werden, in denen Kunden empfangen werden. Ich kenne drei Firmen in Zürich, Innsbruck und Hongkong, die ihre Kunden abschreckten und auch dadurch bankrott gingen, weil sie im Büroeingang und im Foyer jeweils eine

Abbildung 14.8: Spitze Blätter »attackieren«.

ZIMMERPFLANZEN **Kapitel 14**

Abbildung 14.9: Pflanzen mit gerundeten Blattformen sind zu bevorzugen.

große Yucca-Palme stehen hatten. Ihnen war nicht bewußt, daß die Pflanzen schädliche, angreifende Energien auf die hereinkommenden Kunden lenkten.

Durch seine große Blattoberfläche eignet sich der bekannte *Ficus benjamini* hervorragend zur Luftreinigung. Es sollte jedoch darauf geachtet werden, daß er nicht in der Nähe einer Heizung oder im Sommer direkt am Fenster steht. Ist diese Pflanze nämlich zu großer Wärme ausgesetzt, gibt sie giftige Dämpfe ab, die zu Asthma, Lungenproblemen oder Allergien führen können.

Farne mit feinen Härchen auf der Blattunterseite sind hingegen für Räume mit Klimaanlage ungeeignet. Die Härchen können sich lösen und Allergien und Asthmaattacken auslösen.

Kakteen und Pflanzen mit langen spitzen Blättern wirken aggressiv und sollten nicht in Büro- und Geschäftsräumen aufgestellt werden.

Kommunizieren Sie mit Ihren Pflanzen Es ist einfacher, mit Pflanzen als mit Tieren zu kommunizieren. Eine meiner Schülerinnen in Österreich ging mit ihren Pflanzen sehr liebevoll um und versorgte sie gut. Als sie zwei Monate lang auf Reisen gehen sollte, bat sie die Pflanzen, sich um sich selbst zu kümmern und ihre Nahrung aus der Luft zu beziehen. Während ihrer Reise setzte sie die Kommunikation mit den Pflanzen in ihrer Wohnung fort. Als sie zurückkam, stellte sie fest, daß die Pflanzen nicht nur robust und gesund waren, sondern viele auch in voller Blüte standen, obwohl die Blumenerde komplett ausgetrocknet war. Normalerweise hätten die Pflanzen vertrocknen müssen. Diese Pflanzen hatten jedoch auf ihre Anweisung hin die Nährstoffe und das Wasser aus der Luft bezogen.

Wenn Sie mit Ihren Pflanzen im Büro freundlich kommunizieren, können Sie diese auch dazu ermutigen, die Büroluft noch intensiver zu reinigen. Wenn Sie diese Leistung von Ihren Pflanzen erwarten, sollten Sie ihnen jedoch im Gegenzug auch die verdiente Aufmerksamkeit schenken, und sie nicht nur gießen, sondern auch mit ihnen sprechen und sie berühren.

Kapitel 15

Die Organisationsstruktur für das neue Jahrtausend

Kapitel 15 ORGANISATIONSSTRUKTUREN

Die Organisationsstruktur für das neue Jahrtausend

Wie alle Lebewesen fühlen sich Menschen sicherer, wenn sie in Gruppen oder Gemeinschaften leben. Diese waren über lange Zeit hinweg relativ starr hierarchisch gegliedert. Doch das neue Jahrtausende stellt neue Anforderungen an den einzelnen wie an die Gruppe – es wird Zeit für neue, flexiblere und leistungsfähigere Organisationsformen.

Die Pyramidenstruktur

Es ist eine Tatsache, daß etwa 80 Prozent der Mitglieder einer Gruppe, egal ob es sich um eine (Groß-)Familie, Dorf- oder Glaubensgemeinschaft oder eine sonstige Gruppierung handelt, in der Regel nicht immer in der Lage sind, eigene rationale Entscheidungen zu treffen. Viele Menschen sind es gewohnt, daß andere für sie die wichtigsten Entscheidungen treffen. Ein Blick in die Geschichte zeigt, daß sich viele Menschen sogar mehr oder weniger freiwillig versklaven ließen und hart arbeiteten, um nur geringfügig oder überhaupt nicht bezahlt zu werden. Unzählige waren sogar bereit, ihr Leben zu opfern, um ihr Sklavendasein zu schützen. Bis in die 50er Jahre wiesen Stammes- und Regierungsstrukturen daher fast ausnahmslos die Form einer steilen Pyramide auf. Auch die Unternehmen wurden nach ähnlichen Richtlinien strukturiert und geleitet.

Die Pyramidenstruktur wurde meist autokratisch von einer Person kontrolliert, das heißt von einem König, Chef oder Stammesführer und einigen älteren Helfern, die für die Umsetzung und Überwachung der Hierarchie verantwortlich waren. Diese Autorität war oft starr und brutal, sie sollte Gehorsam und Untergebenheit sicherstellen. Die geraden Kanten der Pyramide repräsentierten diese Art von Autorität.

Eine steile Pyramide kann aber nur dann funktionieren, wenn mehr als 90 Prozent der Belegschaft oder der Bevölkerung keine höhere Bildung haben oder es ihnen an entsprechendem Wissen fehlt. Diese Art von Pyramidenstruktur unterstützt jedoch keinen natürlichen, harmonischen Energiefluß. Die Einengung durch den »Flaschenhals« im oberen Bereich führt zu schlechter Energie und Ineffizienz.

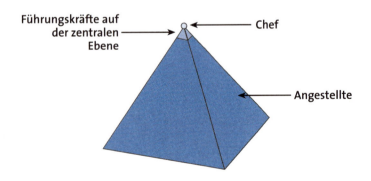

Abbildung 15.1: Die pyramidenförmige Organisationsstruktur

Die Pyramidenstruktur Kapitel 15

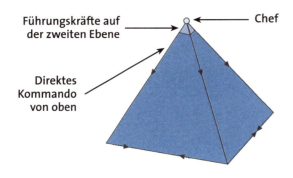

Abbildung 15.2: Gerade Linien stehen für eine starre Autorität.

Pyramidenförmige Firmenorganisation Bei einer pyramidenförmigen Firmenorganisation gab es in der Vergangenheit außer dem finanziellen Wunsch, zu überleben und die Familie zu ernähren, keine größere Motivation, den Anweisungen des Anführers oder Chefs zu folgen. Doch solchen Gemeinschaften mangelte es völlig an Innovation und Kreativität. Vor Beginn der 60er Jahre besaßen viele Firmen äußerst starre Strukturen. Als in den 60er und 70er Jahren immer mehr Länder unabhängig wurden und ihre eigene Regierung wählten, veränderte sich die starre autokratische Menschenpyramide ein wenig, da die Anzahl gewählter Führungskräfte stieg, die dabei halfen, Länder und Gemeinden zu führen und zu verwalten. Indem Aufgaben effizienter delegiert wurden, wuchsen die Organisationen und es wurde mehr Personal eingestellt. Die Pyramide war nun weniger steil, und der Bereich der Organisation erhielt eine breitere Basis.

In den 80er und 90er Jahren stieg das Bildungsniveau deutlich an, und auch damit veränderte sich die Organisationsstruktur von Betrieben und Gemeinden. Wieder wurde eine größere Zahl von Menschen mit organisatorischen Aufgaben betraut. Diese neuen Strukturen erlaubten ein unabhängigeres Denken, mehr Innovation und Kreativität, wodurch ein breites Angebot an innovativen Produkten entstand, die den Markt überfluteten. Es entstand die Organisationsstruktur in der Form eines umgekehrten Pendels.

Die Organisationsstruktur in der Form des umgekehrten Pendels ist für das 21. Jahrhundert jedoch immer noch nicht die geeignetste Form. Das kommende Jahrhundert führt in

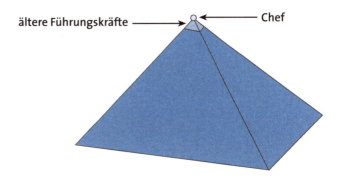

Abbildung 15.3: Da in den 60er und 70er Jahren vermehrt delegiert wurde und die Zahl der Angestellten anstieg, verbreiterten sich die Pyramidenbasis und die obere Führungsschicht.

Kapitel 15 ORGANISATIONSSTRUKTUREN

ein Kommunikationszeitalter, in dem auf allen Organisationsebenen eine größere Interaktion stattfindet. Die umgekehrte Pendelorganisation ist immer noch starr, denn sie weist viele gerade Linien auf, welche die Beweglichkeit einschränken und die in menschlichen Organisationen enthaltenen geraden Linien bedeuten eine Menge autokratischer Energie – ein Zeichen für innere Konflikte und Angst unter den Angestellten. Diese Situation führt in Firmen zu schlechten Schwingungen und ungünstigem Feng Shui, das die Gesamtleistung eines Betriebes schwächt. Ein unzufriedener Mitarbeiter kann die Leistung der Kollegen, mit denen er Konflikte hat, erheblich beeinträchtigen. Um in Zukunft erfolgreich zu sein, werden sich Firmen nach der Birnenstruktur oder Feng-Shui-Organisationsstruktur richten müssen (siehe Abbildung 15.5).

Abbildung 15.4: Die Organisationsstruktur in Form eines umgekehrten Pendels erlaubt eine umfassende Möglichkeit der Teilnahme und unterstützt eine gewisse unternehmerische Aktivität. Die 80er und 90er Jahre werden auch als die Zeit der Pendelorganisation bezeichnet.

Die Feng-Shui-Organisationsstruktur

Eine Organisationsstruktur in Birnenform ist sanft gerundet, wird zur Basis hin breiter und verjüngt sich nach oben. Es gibt einen Kernstamm in der Mitte, der ein Feedback und die Interaktion mit dem Management ermöglicht.

Die Birnenform zeigt aktivere Führungspersonen, also mehr Hauptaktionäre und Führungskräfte, die wichtige Entscheidungen treffen, nachdem sie über den Kernstamm ein stetiges Feedback von der gesamten Organisation erhalten. Viele Abteilungsleiter haben kleine, sehr aktive Teams unter sich. Sie arbeiten jeweils unabhängig und halten ein Minimum an Rücksprache mit der oberen Führungsschicht. Die zahlreichen Interaktionen, Kommunikation und das Feedback zwischen den Abteilungen werden durch die horizontalen Pfeile dargestellt, die mit den vertikalen Pfeilen verschmelzen, welche von der Basis zur Mitte und dann am Kernstamm aufsteigen. Abläufe wie das Transportwesen, Verpackung und Versand werden zugunsten einer besseren Effizienz an eigenständige Firmen weitergegeben (Outsourcing).

Die birnenförmige Geschäftsorganisation reflektiert das neu erwachte Bewußtsein des Wassermannzeitalters im neuen Jahrtausend am besten. Es ist ein Zeitalter der schnellen Kommunikation. Eine Firma mit einer birnenförmigen Organisationsstruktur ist im Fluß mit Natur und Zeit und stellt eine kraftvolle und fürsorgliche Organisation dar, in der mit Freude gearbeitet wird; dadurch entsteht auch ein guter Zusammenhalt. Ebenso werden die Produktionszeiten für neue Pro-

Feng-Shui-Organisation Kapitel 15

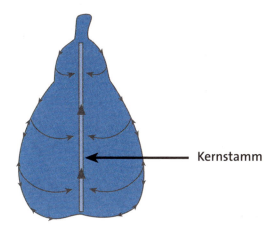

Abbildung 15.5: Die birnenförmige Struktur

dukte beträchtlich reduziert. Wer in einer solchen Organisation arbeitet, ist kreativ und hat die Kraft zum Erfolg.

In dieser Art von Organisationen werden weniger Fehler gemacht und es wird mehr geleistet als bei den Wettbewerbern in ähnlichen Branchen. Die Birnenform wird auch als Feng-Shui-Organisation bezeichnet, in der wohltuende, natürliche und harmonische Energien sich mit glücklichen und kommunikativen Menschen vereinen. So entsteht eine vor Energie sprühende und gut informierte Organisation, die Frieden und Harmonie unterstützt, während Erfolg und Spitzenleistungen gefördert werden. Die Feng-Shui-Struktur läßt sie menschlicher und sozialer werden und bietet zahlreiche Gelegenheiten für Unternehmer und Kreative – ein Rezept für mehr Wettbewerbsfähigkeit und Erfolg.

Unternehmen im neuen Jahrtausend Den meisten Großunternehmen mangelt es an Kreativität; sie sind nicht in der Lage, innovative Produkte schnell und wettbewerbsfähig zu produzieren. Viele große Unternehmen und multinationale Gruppen suchen ihren Vorteil daher in der Übernahme von Firmen. Wenn sie mit Unternehmen fusionieren, die ähnliche Produkte herstellen, können sie gemeinsame Ressourcen nutzen und die Kosten für Management und Forschung reduzieren. Sie fahren jedoch auf diese Weise fort, die Pyramidenstruktur immer wieder neu zu erschaffen, welche schon früher das unabhängige Denken, die Innovation und das freie Unternehmertum unterdrückt und gehemmt hat. Wenn Großfirmen ihre Organisationsstruktur nicht von der großen starren Pyramide auf kleine, unabhängig arbeitende Feng-Shui-Organisationseinheiten umstellen, haben sie nach dem Jahr 2008 wenig Chancen auf Erfolg. Das Jahr 2008 ist der offizielle Beginn des Wassermannzeitalters, das ein Zeitalter der schnellen Innovation sein wird. Das 21. Jahrhundert ist ein Computerzeitalter, in dem man leicht und schnell auf Wissen und Informationen zugreifen kann. Nur kleine, engagierte Feng-Shui-Organisationsgruppen werden dann in der Lage sein, mit der entsprechenden Geschwindigkeit innovativ zu arbeiten – und zu gewinnen.

娛堂

Kapitel 16

Die Suche nach Glück und Erfolg

Kapitel 16 Persönlicher Erfolg

Die Suche nach Glück und Erfolg

Jeder möchte gern gut verdienen, um die Familie zu ernähren und das Leben zu genießen. Manchen Menschen gelingt das mit Leichtigkeit, während andere sich ihren Lebensunterhalt hart erkämpfen müssen. Die Chinesen und Inder beispielsweise glauben, daß unsere jetzige Situation durch unsere Handlungen und Taten in der Vergangenheit beziehungsweise in verschiedenen Vorleben bedingt ist; sie nennen dies Karma.

Der Gedanke des Karma beruht auf dem Prinzip von Ursache und Wirkung, das sich einerseits auf unsere mentalen und emotionalen Reaktionen auf Menschen bezieht, andererseits auf unsere physischen Handlungen. Viele Menschen halten die Wiedergeburt und karmische Zusammenhänge für unwahrscheinlich oder lehnen deren Existenz gänzlich ab. Über lange Zeit hinweg hat die Kirche die Idee der Wiedergeburt ebenfalls strikt verneint. In den Überlieferungen des Urchristentums gibt es jedoch Hinweise auf die menschliche Reinkarnation, und Papst Johannes Paul II. hat in einer Äußerung immerhin eingeräumt, daß die Wiedergeburt möglich sei. Viele Leser mag der Inhalt dieses Kapitels skeptisch stimmen. Lesen Sie trotzdem einfach weiter, und bilden Sie sich ein Urteil!

Faktoren für Erfolg und Mißerfolg

Aus westlicher Sicht ist ein Mensch erfolgreich, wenn er über die folgenden Eigenschaften beziehungsweise Qualifikationen verfügt:

- Eine angenehme Persönlichkeit und hohe Vitalität
- Gute Verkaufstechniken und die Fähigkeit, für sich selbst zu werben
- Gute Beziehungen
- Glück
- Die Fähigkeit, intuitiv richtige Entscheidungen zu treffen
- Fachkenntnisse
- Akademische Qualifikationen

Warum sind Menschen, die in der gleichen Stadt aufgewachsen sind, zur selben Schule und zur selben Universität gegangen sind, später so unterschiedlich erfolgreich? Die Chinesen haben seit Konfuzius immer wieder die gleichen Faktoren erkannt, die dafür sorgen, daß sich eine Person von einer anderen so grundlegend unterscheidet. Während meiner Arbeit mit Menschen verschiedener Nationen, deren berufliche und persönliche Entwicklung ich über viele Jahre hinweg beobachtete, bin ich zu der folgenden Gewichtung von Faktoren gekommen, die dazu beitragen, daß ein Mensch Erfolg hat:

- Die Familie, das Geburtshoroskop und der Name
- Eine ansprechende Persönlichkeit und hohe Vitalität
- Die eigene spirituelle Empfänglichkeit und Intuition
- Der richtige Beruf – die Berufung
- Fundiertes Fachwissen

Kreativität und Wohlstand — Kapitel 16

- Gute Beziehungen
- Feng Shui, um Vitalität und Glück zu fördern
- Geeignete berufliche Qualifikationen
- Akademische Qualifikationen

Diese neun Punkte können darunter zusammengefaßt werden, was die Chinesen als die Faktoren von Himmel, Erde und Mensch bezeichnen. Wenn alle genannten Aspekte in Harmonie sind, ist es nur natürlich, daß eine Person erfolgreicher ist als andere.

Der Himmel repräsentiert die Geburt (das Karma aus der Vergangenheit), die unter dem Einfluß von Kosmos und Planeten steht. Die Erde ist die Umgebung, die Landschaft, in der wir leben; sie steht in Zusammenhang mit Feng Shui. Beim menschlichen Faktor geht es um die Art und Weise, wie man lebendiges Wissen erlangt und auf bestimmte Bedingungen sowie andere Menschen reagiert und mit ihnen umgeht.

Kreativität – der Schlüssel zum Wohlstand

Feng Shui spiegelt sehr auffallend die drei Faktoren Himmel, Erde und Mensch wider und kann einem Menschen helfen, ein zu ihm passendes Grundstück, Haus oder eine Wohnung zu finden, die es ihm ermöglichen, vital und voller Energie Höchstleistungen zu erbringen.

Wir leben in einer Welt, in der jeder von jedem abhängig ist. Je besser die Dienstleistungen und Produkte sind, die man kreiert, und je mehr Menschen dadurch geholfen wird, desto mehr wird man dafür belohnt.

Das Wohlstandsbewußtsein stärken Um erfolgreich zu sein, muß ein Bewußtsein von Wohlstand erwacht sein, damit man großzügiger wird und bereit ist zu teilen. Der »Wohlstandskuchen« ist unendlich groß, es gibt unzählige Kuchenstücke. Je kreativer ein Mensch ist, desto größer wird dieser Kuchen. Keiner braucht zu fürchten, daß es nicht genug gibt. Ein Blick in die Geschichte zeigt jedoch, daß die Angst, nicht genug abzubekommen, in allen Kulturen immer wieder Auslöser für Krieg, Kämpfe und Zerstörung war.

Um zu Wohlstand und Reichtum zu gelangen, sollte eine Person nie daran denken, wie sie für das, was sie tun möchte, entlohnt wird. Untersuchungen und zahllose Beispiele haben sehr beeindruckend gezeigt, daß erfolgreiche Projekte und Unternehmen entstehen, wenn sich eine Person oder eine Gruppe von Menschen engagiert für eine Idee einsetzt, die ihrer Gemeinschaft oder der Gesellschaft einen großen Nutzen bringt. In fast allen Fällen hatten diese erfolgreichen Menschen nicht in erster Linie die Absicht, viel Geld zu verdienen. Konzentriert man sich zu stark aufs Geld, führt das oft dazu, daß Projekte mißlingen. Ich habe mehr als zwanzig äußerst vielversprechende Projekte ausgewertet, die erfolglos blieben, weil das Hauptaugenmerk auf Geld und Profit lag.

Kapitel 16 — Persönlicher Erfolg

Erfolgsbeispiele

Ein Erfolgsbeispiel aus Deutschland Ein deutscher Arzt stellte fest, daß das Kantinenessen in sehr vielen Firmen alles andere als gesund war. Außerdem hatten die Speisen- und Getränkelieferanten große Probleme damit, die Gerichte schnell zu servieren. Der Arzt suchte nach einem Weg, gesunde Mahlzeiten in größeren Mengen zu produzieren und an die Lieferanten zu verkaufen. Nach einigen Jahren fand er eine Lösung und wurde Multimillionär, ohne sich des Wertes seiner Idee oder des Nettowertes seiner Firma überhaupt bewußt zu sein. Er war sehr überrascht, als man ihm für seine Firma einige hundert Millionen Mark bot. Er verkaufte, setzte sich zur Ruhe und investierte sein Geld in Immobilien.

Wie ist es möglich, daß so viele Menschen sehr hart arbeiten und geschäftstüchtig, aber nie reich genug sind, um sich zur Ruhe zu setzen? Der Unterschied liegt in der Kreativität!

Erfolg, Reichtum und Spiritualität Ich habe festgestellt, daß viele Menschen mit niedrigem Einkommen in bezug auf Geld Schuldgefühle haben und glauben, daß Geld schmutzig und unspirituell sei. Das ist jedoch nicht richtig. Denn die spirituellsten Menschen sind diejenigen, die über eine große Wahrnehmungsfähigkeit verfügen, die ihnen hilft, etwas intuitiv zu erfassen. Das führt zum richtigen Denken und zu guten Entscheidungen, wodurch diese Menschen zu den erfolgreichsten der Welt werden. Sie leiten Multimilliarden-Unternehmen und besetzen hohe Positionen in der Regierung. Die religiösen Institutionen wie beispielsweise die römisch-katholische Kirche – der Vatikan – gehören übrigens zu den reichsten der Welt.

Reichtum, der rechtmäßig und klug erworben wurde, dient als Beispiel für gute Taten. Reichtum kann Industrien, Firmen und Arbeitsplätze schaffen. Reichtum schafft eine Fülle von Nahrungsmitteln, Häusern und Wohnungen und befriedigt die Grundbedürfnisse im Leben. Wenn genügend Geld vorhanden ist, gibt es weniger Angst, daß man benachteiligt sein könnte. Wenn Fülle herrscht, führen die Menschen ein glücklicheres Leben, in dem es weniger Konflikte und Zerstörung gibt.

Faktoren für Wohlstand und Reichtum

Die folgende Liste zeigt einige wichtige Richtlinien, die von erfolgreichen Menschen häufig angewendet werden und die Wohlstand und Reichtum fördern:

1. Sie entwickeln die Fähigkeit, einen speziellen oder einzigartigen Dienst oder Produkte zu schaffen, die eine spezielle Nachfrage decken.
2. Sie geben mehr aus, um mehr zu teilen und die Dinge fließen zu lassen. Dadurch lassen Sie mehr Wohlstand entstehen und ziehen auch mehr Wohlstand an.
3. Sie glauben fest daran, daß Sie mit den eigenen Fähigkeiten oder Produkten Ihren Mitmenschen helfen.
4. Sie wissen, wann der richtige Zeitpunkt zur Kapitalbildung ist.
5. Ihr Wohlstand äußert sich so, wie Sie selbst den Wert Ihrer Dienstleistung einschät-

zen. Das gleiche Essen, der gleiche Artikel oder dieselbe Dienstleistung können zu unterschiedlichen Preisen an unterschiedliche Gruppen verkauft werden.

6. Wohlstand entsteht, wenn Sie Ihre persönlichen, ganz speziellen Fähigkeiten nutzen, um den Erfolg zu vervielfachen.

7. Reichtum kann auch entstehen, indem andere Menschen Ihre Fähigkeiten oder Produkte vervielfachen (z. B. Lizenzen, Franchising).

8. Sie sind Ihrem Personal gegenüber fair und großzügig eingestellt.

9. Sie haben den Mut und das Engagement, etwas auszuprobieren, ohne sich von der Angst vor dem Scheitern davon abhalten zu lassen.

Erfolgsbeispiele

Ein Erfolgsbeispiel aus Australien Herr B., ein australischer Betriebsberater, arbeitete sehr hart. Normalerweise hatte er seine 50-Stunden-Woche und weigerte sich, noch jemanden einzustellen. Er hatte immer Probleme, seine Rechnungen zu zahlen. Seine intuitive Frau konnte spüren, daß bei ihrem Mann vieles nicht zum Besten stand. Sie bat um eine Feng-Shui-Beratung für das Büro ihres Mannes und eine persönliche Beratung, um ihrem Mann dabei zu helfen, seine Geldprobleme zu beseitigen und kein »Workaholic« mehr zu sein.

Ich sagte ihm und seiner Frau, daß verschiedene Feng-Shui-Maßnahmen die Situation in seiner Firma zwar verbessern könnten, daß es aber an Personal mangelte. Ich empfahl eine Rückführungstherapie in vergangene Leben, um festzustellen, warum Herr B. eine solche Angst hatte, jemanden anzustellen. Wie die meisten Geschäftsleute glaubte er nicht an vergangene Leben und war skeptisch. Er wollte es aber trotzdem versuchen.

In dieser Sitzung ging er 200 Jahre zurück nach Rußland. Er war dort ein Leibeigener, der von einer Adelsfamilie ein großes Stück Land gepachtet hatte, um sich ernähren zu können. Seine Familie war bei der Bewirtschaftung sehr erfolgreich. Da er kein Adliger war, hörte er oft von der Adelsfamilie und den damaligen Beamten, daß es nicht gut für ihn sei, reich zu sein. Er wurde gebeten, der Adelsfamilie ein Stück des Landes zurückzugeben. Es sollte an jemand anderen verpachtet werden, damit die Adeligen mehr Pacht verlangen konnten. Als er ein großes Stück von seinem Land zurückgegeben hatte, wurde er gebeten, mehr Leute einzustellen, um sein Land zu bewirtschaften, damit er mehr produzieren und zahlen konnte. Schließlich wurde er von den Adeligen und seinen eigenen Angestellten von dem Land vertrieben.

Durch diesen Einblick in sein vergangenes Leben konnte Herr B. die spezielle Problematik in seinem jetzigen Leben erkennen und verstehen. Er hatte unbewußt geglaubt, daß er Ärger bekommen würde, wenn er reich sein wollte. Daher hatte er beschlossen, daß es besser war, weniger Geld zu haben und so wenige Mitarbeiter wie möglich einzustellen. Um Ärger zu vermeiden, reagierte er heute in seiner eigenen Firma genauso wie vor 200 Jahren, denn er sah Angestellte weiterhin als geschäftliche Bedrohung an.

Kapitel 16 Persönlicher Erfolg

Durch den Einblick in das vergangene Leben konnte Herr B. sein Verhalten ändern. Er ist heute ein sehr erfolgreicher Geschäftsmann mit der zehnfachen Zahl an Mitarbeitern und braucht unterdessen selbst viel weniger zu arbeiten.

Ein Erfolgsbeispiel aus Amerika In einem anderen Fall war ein erfahrener und hochqualifizierter amerikanischer Ingenieur sehr gut beim Start seiner Projekte im Straßenbau. Wann immer aber ein beliebiges Projekt in die letzte Phase kam, war sein Vorgesetzter äußerst frustriert, denn Herr A. war nicht in der Lage, es pünktlich fertigzustellen. Daher wurde er nicht befördert und erhielt auch keine nennenswerten Gehaltserhöhungen.

Sein Chef bat ihn, mich zu konsultieren. Ich führte Herrn A. in ein vergangenes Leben vor 500 Jahren in Nordlondon zurück, in dem er ein britischer Ingenieur gewesen war. Er überwachte dort den Bau einer Bogenbrücke. Nachdem die Brücke fertiggestellt war, brach sie zusammen. Viele Menschen kamen dabei ums Leben. Ihm war die Schuld nicht gänzlich zuzuschreiben, denn Überschwemmungen hatten einige Wochen zuvor das Fundament geschwächt. In ihm war jedoch der dauerhafte Eindruck von Schuld und Mißlingen geblieben, so daß er glaubte, nach der Fertigstellung eines jeden Projektes müsse eine weitere Katastrophe geschehen. Das war der Grund, weshalb er die Fertigstellung seiner Projekte im jetzigen Leben verzögerte.

Als Herr A. sich dieser vergangenen schlechten Erfahrung bewußt geworden war und erkannte, daß diese die Ursache seiner aktuellen Probleme war, konnte Herr A. endlich gute Leistungen erbringen. Er wurde mehrmals befördert, bevor er bequem in Rente ging.

Meine eigene Geschichte Auch ich habe Erfahrungen mit der Rückführungstherapie gemacht. Sie war einmal mein letzter Ausweg. Als ich jung war, hatte ich eine außergewöhnlich große Höhenangst. Meine berufliche Stellung verlangte es, daß ich ausgedehnte Reisen in Südostasien unternahm. Allein wenn das Wort Reise nur erwähnt wurde, löste das bei mir quälende Angst aus. Viele gute berufliche Gelegenheiten ließ ich an mir vorübergehen, da sie mit der Bedingung verknüpft gewesen wären, mit dem Flugzeug zu reisen.

Ich durchlief mehr als hundert Stunden Psychotherapie in verschiedenen Ländern, doch half mir dies nicht, mein Problem zu lösen. Mir wurde gesagt, ich solle fliegen lernen, und ich machte sogar tatsächlich meinen Pilotenschein. Trotzdem hielt meine Höhenangst an. Eine berühmte Amerikanerin, Denise Linn, Autorin zahlreicher Bücher über Traumdeutung und Rückführungen in vergangene Leben, führte mich in ein Leben zurück, das vor 250 Jahren stattgefunden hatte. Damals stürzte ich im Grand Canyon ab und starb. Nach dieser Rückführung verschwand meine Höhenangst für immer.

Diese Geschichten zeigen, daß wir sofort Hilfe suchen sollten, wenn wir mit einem Hindernis konfrontiert sind, das uns davon abhält, die von uns angestrebten Ziele zu

Die Rückführungstherapie — Kapitel 16

erreichen. Sehr oft finden wir an den unwahrscheinlichsten Orten ungeahnt Hilfe.

Seien Sie offen und abenteuerlustig, und probieren Sie auch einmal etwas Ungewöhnliches wie eine Rückführungstherapie aus! In vielen Ländern sind Rückführungen eine anerkannte Therapieform bei emotionalen und Verhaltensproblemen.

Das Verhalten erfolgreicher Menschen Ich habe mit Milliardären, Multimillionären und Top-Führungskräften großer Firmen in den verschiedensten Ländern gearbeitet. Diese erfolgreichen Menschen sind immer gut konzentriert und diszipliniert. Wenn sie ein persönliches Problem haben, erkennen sie es als solches und suchen schnell Hilfe; sie lernen stetig dazu und arbeiten daran, eigene Unzulänglichkeiten auszugleichen. Viele von ihnen haben ein außergewöhnliches Durchhaltevermögen und den Mut, nach Rückschlägen immer wieder aufzustehen und es neu zu versuchen.

Diese Menschen sind aufgrund ihrer Einstellung auch für die Techniken und Lösungen des Business Feng Shui offen, welche Gesundheit, Leistungsfähigkeit und das Leben allgemein wesentlich verbessern. Es liegt auf der Hand, daß diejenigen, die sich bereits von schwierigen persönlichen emotionalen und psychischen Problemen befreit haben, noch erfolgreicher im Leben sind und sich den 10 Prozent der Menschen anschließen können, die Spitzenleistungen erbringen und ganz oben stehen.

Nachwort

Feng Shui ist ein wirkungsvolles Werkzeug für den Geschäftserfolg im 21. Jahrhundert. Es wirkt auf einzigartige Weise in Harmonie mit der Natur und den Naturgesetzen. Das Zusammenspiel der günstigen und harmonischen subtilen Naturenergien und viel Sauerstoff am Wohn- und Arbeitsplatz macht Feng Shui so wirksam. Seine Effekte sind tiefgreifend, denn sie tragen zum allgemeinen Wohlbefinden auf psychischer und emotionaler Ebene bei und sorgen außerdem für eine gute Gesundheit und hohe Vitalität.

Auch wenn die Wirkungen des Feng Shui nicht unmittelbar mit den heutigen wissenschaftlichen Methoden gemessen werden können, haben wir die angewandte Kinesiologie eingesetzt, um den Effekt auf den menschlichen Körper zu untersuchen. Man könnte weitergehend mit Hilfe von Biofeedbackgeräten die Körperenergie messen, bevor und nachdem Feng-Shui-Hilfsmittel eingesetzt werden.

Die positive Wirkung von Feng Shui kann jedoch auch ganz subjektiv durch ein allgemeines Wohlbefinden sowie eine entspanntere Atmung festgestellt werden. In Räumen mit gutem Feng Shui fühlt man sich wohl, im Gegensatz zu solchen mit schlechtem Feng Shui; hier ist es stickig, beklemmend, und man hat ein unangenehmes Gefühl.

Die Wirkung von Feng Shui wird offensichtlich, wenn ein Geschäft ähnliche Produkte wie andere anbietet, aber mehr Kunden anzieht, mehr Aufträge entgegennimmt und mehr Dienstleistungen verkauft. In einem Einkaufszentrum mit gutem Feng Shui ist die Atmosphäre oft viel entspannter, dadurch bleiben die Menschen länger und kaufen auch mehr.

Unternehmen, die Prinzipien des Business Feng Shui bei der Wahl von Gebäuden, bei der Einrichtung von Büros oder Läden sowie bei geschäftlichen Aktivitäten berücksichtigen, erzielen gute Gewinne und ein progressives Wachstum. Selbst wenn die wirtschaftliche Lage einmal nicht so günstig ist, können Unternehmen, die Feng Shui praktizieren, entsprechende Anpassungen vornehmen, um größere Katastrophen oder gar den Bankrott zu vermeiden. Auf Grund meiner fast dreißigjährigen Erfahrung als Unternehmensberater habe ich festgestellt, daß in mehr als 80 Prozent der erfolglosen Unternehmen das Hauptproblem schlechtes Feng Shui war. Die Geschäftsleute sind mit ihrer Branche gut vertraut, aber in der Regel nicht in der Lage, in einer feindlichen Umgebung mit niedriger Energie und wenig Sauerstoff entsprechende Leistungen zu erbringen. Dadurch entsteht mehr Streß, der vermieden werden kann.

Nicht alle Feng-Shui-Maßnahmen erbringen augenblicklich greifbare Ergebnisse – eine Firma wird nicht unbedingt sofort beträchtlich mehr Aufträge erhalten, sobald die Maßnahmen umgesetzt worden sind. Wenn die Energie und die Veränderungen in der Umgebung jedoch innerhalb eines angemessenen Zeitrahmens wirken und sich die

Das neue Bewusstsein — Nachwort

Menschen entsprechend darauf einstellen können, werden passende Feng-Shui-Maßnahmen die gewünschte Wirkung erbringen. Wenn die Haupthilfsmittel jedoch einmal installiert sind, können erfahrene Feng-Shui-Berater normalerweise den Zeitrahmen bestimmen, den die Firma benötigt, um sich zu erholen.

International arbeitende Firmen, die Business Feng Shui anwenden und über einen längeren Zeitraum hinweg seine Vorteile beobachten können, übernehmen es immer mehr auch in ihre geschäftliche Arbeit. Ihre Ergebnisse zeugen von der Effektivität der Techniken des Business Feng Shui. Das macht Business Feng Shui zu einem Thema von großem Interesse, und entsprechende Fachleute sind sehr gesucht. Business Feng Shui ist eine uralte Wissenschaft des Lebens, die gut zu dem neu erwachenden Bewußtsein des kommenden Jahrtausends paßt. Wenn man sie akzeptiert und übernimmt, wird sie ein wichtiges und effektives Werkzeug moderner Unternehmen sein.

Im 21. Jahrhundert wird der Wettbewerb in der Wirtschaft immer größer. Das Management benötigt mehr Werkzeuge und Technologien, um schnell auf die wechselnden Marktbedingungen reagieren zu können. Business Feng Shui verfügt über viele verborgene Techniken und Technologien, die im kommenden Jahrtausend genau die dringend benötigten Wettbewerbsvorteile bieten werden.

Anhang — DAS OST-WEST-SYSTEM

Das Punktesystem zum Ost-West-System der acht Gebäudetrigramme

Um Ihnen bei der Auswahl der günstigsten Raumbereiche zu helfen, werden für jeden Bereich eines Gebäudes oder Raumes Punkte vergeben. Der günstigste Bereich hat die höchste Punktzahl (siehe auch das Berechnungsbeispiel am Ende von Kapitel 10).

Trigramm des Gebäudes

Günstige Bereiche

AA	A1	A2	A3
+80	+70	+60	+55

Ungünstige Bereiche

D4	D3	D2	D1
-90	-85	-70	-60

Persönliches Trigramm der Person

Günstige Bereiche

AA	A1	A2	A3
+50	+40	+30	+20

Ungünstige Bereiche

D4	D3	D2	D1
-60	-50	-40	-30

Die Bewertungen für die Trigrammbereiche des Gebäudes fallen höher aus als für das persönliche Lebenstrigramm, da der Raum größer ist als der Mensch und die Raumenergie dementsprechend stärker auf den Menschen einwirken kann als umgekehrt.

Wenn eine Person beispielsweise einen A1-Bereich im Büro belegt, zählt man +70 Punkte hinzu. Wenn sich eine Person in einem D4-Bereich aufhält, zieht die Person -90 ab.

Wenn ein Büro eine A1-Bewertung mit +70 hat (siehe auch Abbildungen 10.7 und 10.8), und die persönliche Trigrammbewertung liegt bei A3 mit +20, dann beträgt die Summe für dieses Büro +90 (+70+20=+90). Dieser Raum ist also günstig.

Vergleich zwischen dem Element des Raumtrigrammes und dem Element des persönlichen Lebenstrigramms:

Unterstützendes Element (Fütterungszyklus): +35
Beispiel:
Wasser (Raum)
Holz (Person)

Neutral (gleiches Element): +20
Beispiel:
Holz (Raum)
Holz (Person)

Die Punkteberechnung Anhang

Auslaugend (Mutter-Kind-Zyklus): -35
Beispiel:
Feuer (Raum)
Holz (Person)

Konflikt (Element der Person zerstört Raumelement): -35
Beispiel:
Holz (Raum)
Metall (Person)

Konflikt (Raumelement zerstört Element der Person): -45
Beispiel:
Metall (Raum)
Holz (Person)

Zum Vergleich sehen Sie hier nochmals das Berechnungsbeispiel aus Kapitel 10.

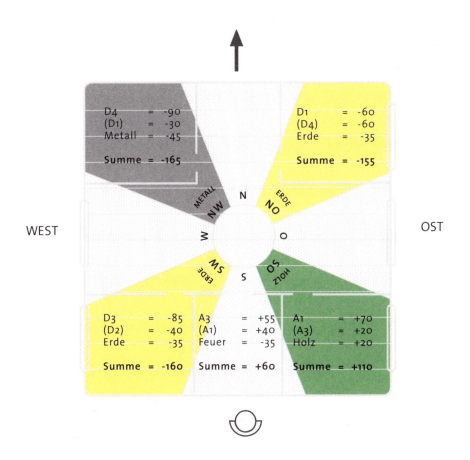

Bibliographie

Deutschsprachige Literatur

Freiherr von Pohl, Gustav: *Erdstrahlen als Krankheits- und Krebserreger,* Lebenskunde Verlag, 1985
Graves, Tom: *Pendel und Wünschelrute,* Goldmann Verlag, 1995
Kettering, Maria: *Raumdüfte,* Joy Verlag, 1995
Lam Kam Chuen: *Feng Shui Handbuch,* Joy Verlag, 1996
Mayer-Tasch, Peter C. und Malunat, Bernd M.: *Strom des Lebens, Strom des Todes,* Fischer Verlag, 1995
Müller, Karen and Lim, Dr Jes T.Y: Feng Shui – Die Fernöstliche Philosophie vom Einrichten, Magazin Wienerin, Wien, September 1994
Rossbach, Sarah: *Feng Shui – Die chinesische Kunst des gesunden Wohnens,* Knaur, 1998
Walters, Derek: *Ming Shu – Chinesische Astrologie,* Astrodata Verlag, 1987
Walters, Derek: *Feng Shui – die Kunst des Wohnens,* Scherz Verlag, 1996
Wolverton: *Gesünder leben mit Zimmerpflanzen,* vgs Verlag, 1997

Englischsprachige Literatur

Bring, Mitchell and Wayembergh, Josse: *Japanese Garden Design and Meaning,* 1981, U.S.A
Chung, Lily: *The Path to Good Fortune,* Lewellyn Publications, U.S.A.
Coat, Callum: *Living Energies,* Gateway Books, Bath, UK.
Corsan, David and Girdlestone, Rodney: *Safe as Houses – Ill Health and Electrostress in the House,* Gateway Books, Bath, U.K.
De Barry, Chan Wing Tsit, Watson, B: *Sources of Chinese Tradition,* London, 1960
Dowsett, Eric: *A Guide to Feng Shui for Your Home,* (video tape), Broadcast Media Television Productions, Sydney 1994
Feuchtwang, Stephen D. R: *An Anthropological Analysis of Chinese Geomancy,* Southern Materials Centre Inc., Taipei, 1961
Gordon, Rolf: *Are You Sleeping in a Safe Place?* Dulwich Health Society, London, 1993
Graham, David: *Folk Religion in Southwest China,* Washington, 1961
Groves, Derham: *Feng Shui and Western Building Ceremonies,* Graham Brash (Pte) Ltd, Singapore, 1991
Harwood, Barbara Bannon: *The Healing House,* Hay House Inc., California, U.S.A.
Heselton, Philip: *The Elements of Earth Mysteries,* Element Books Ltd., U.K., 1991
Hubbard, Murray and Lim, Dr. Jes T.Y: *Doctor Comes to the Aid of 'Sick Homes',* Gold Coast Sun, Gold Coast, Australia, November 1992
Kann, C.Y: Feng Shui: *Its Implications on Chinese Architecture (Thesis),* Hong Kong University

Krunic, Alexander and Lim, Dr. Jes T. Y.: *Feng Shui Remedies for Business,* Perspektiven Magazine, Innsbruck, Austria, Dec. 1994

Kwok Man-ho and O'Brien, Joanne: *The Elements of Feng Shui,* Element Books Ltd., U.K., 1991

Lim, Dr. Jes T.Y.: *Bad Feng Shui – Results in Cancer & Degenerative Diseases,* Auckland, New Zealand

Lim, Dr. Jes T.Y: *Bankruptcy & Company's Turnaround – Feng Shui Remedies Essential,* Kota Kinabalu, Malaysia, 1980

Lim, Dr. Jes T.Y: *Company's Success – Commercial Knowledge of Feng Shui,* Sydney, 1993

Lim, Dr. Jes T.Y: *Feng Shui and Negative Earth Rays – Cause Cancer & Terminal Diseases,* Second World Healers Conference, Hamilton, New Zealand, 1990

Lim, Dr. Jes T.Y: *Feng Shui Remedies for Abundance,* Auckland University, 1991

Lim, Dr. Jes. T. Y: *Improve Company's Profitability – Feng Shui Remedies,* Singapore, 1973

Lim, Dr. Jes. T.Y: *Marital Problems – A Feng Shui Cause,* Stockholm, 1991

Lip Mong Har: *Feng Shui, Chinese Colours and Symbolism,* Journal of the Singapore Institute of Architects, Singapore, 1978

Lip, Evelyn: *Chinese Geomancy,* Times Books International, Singapore, 1979

Lip, Evelyn: *Personalise Your Feng Shui,* Times Books International, Singapore, 1997

Liu Pei Zin: *Feng Shui, Chinese Views to Environment,* Son Tian Bookshop, Shanghai, China

Lo, Raymond: *Feng Shui – The Pillars of Destiny,* Times Books International, Singapore, 1994

Lonegren, Sig: *Spiritual Dowsing, Gothic Image,* Glastonbury, U.K.

Marfori, Mark D: *Feng Shui – Discover Money, Health and Love,* Dragon Publishing, Santa Monica, U.S.A., 1993

Needham, Joseph: *Science and Civilisation in China,* London, 1943

Neilson, Greg and Polansky, Joseph: *Pendulum Power,* The Aquarian Press, Wellingborough, U. K., 1991

Skinner, Stephen: *The Living Earth Manual of Feng Shui – Chinese Geomancy,* Graham Brash (Pte) Ltd., Singapore, 1982

Too, Lillian: *Applied Pak-ua and Lo Shu Feng Shui,* Konsep Lagenda Sdn Bhd, Kuala Lumpur, 1993

Too, Lillian: *Chinese Numerology in Feng Shui – The Time Dimension,* Konsep Lagenda Sdn Bhd, Kuala Lumpur, 1994

Victorio Hua Wong Seng Tian: *Authentic Feng Shui – Practical Geomantic Analysis for Modern Living,* Eastern Dragon Books, Kuala Lumpur, 1994

Chinesische Literatur

Bao Li Ming: *Chinese Feng Shui Study,* Taipei, 1995

Chan Shih Shu: *Ten Books of Yang Dwelling Classic,* China

Chao Ying (Ching Dynasty Monk), Ti Li Zhi Zi Yuan Zhen: *Truth for Landscape Feng Shui*

Chen Zian Li: *Nine Stars and 24 Mountains* (2 vol.), Zin Yuan, Taipei

Anhang Literatur

Chien Lung (Ching Dynasty Imperial Palace), *Wan Bao Qian Shu: Manuals for Daily Life and Feng Shui* (6 books)

Gao Chiu-feng: *Ti-li Wu Chieh, Five Explanations of Geomancy,* China

Gu Jing Tu Shu Ji Cheng: *Collection of Ancient and Current Books on Feng Shui* Ching Dynasty Imperial Palace

Hor Chan Kuang: *5 Feng Shui books,* Juxian Guan Ltd., Hong Kong

Hsiao Zhi: *Wu Hsin Tu Yi, China,* 600 AD

Huang Wei De (Ching Dynasty), Pu Shi Zhen Zong: *Eight Trigrams for Houses and Life* (6 books)

Huang Zhong Xiu (Ming Dynasty), ed., *Landscape, Land, Humans and Heaven Classic* (12 books)

Jiang Ping Jie: *Di Li Zheng Shu,* Taiwan, 1980

Jing Sa Dao (Song Dynasty monk), Lu Di Yan Qian Shu: *Complete Classics for Grave Sites*

Ku Chin Tu Shu Chi Ch'eng Encyclopaedia, British Museum

Kuo P'o: *The Burial Classic,* Imperial Encyclopaedia, 4th Century China, British Museum

Liu Pei Zin: *Feng Shui, Chinese Views to Environment,* Son Tian Bookshop, Shanghai, China

Art and Divination section (18 writings on Geomancy) 1726 edition, Section XVII

Lu Bing Zhong Ping Sha Yu Chi Jing Cheng Ji: *Classic on Moulds* (3 books), Yuan Dynasty

Pai Hoh Ming: *21 Feng Shui books,* Juxian Guan Ltd., Hong Kong

Shui-lung Ching: *Water Dragon Classic,* China

Si Mah Qian: *The Records,* China 1916

Taoist Luo Guan (Ching Dynasty), Ba Zai Ming Jing: *Explicit Explanations on Eight Trigram Houses*

The Dwellings Manual, Imperial Encyclopaedia, British Museum

Wang Wie: *The Yellow Emperor's Dwellings Manual,* Imperial Encyclopaedia, 5th Century, British Museum

Wu Yi Jian, Ti Li Bu Qiu Ren: *Landscape of Land Determines Fate* (compilation from 88 books from Yuan to Ching Dynasties)

Yang Yun-sung: *Manual of the Moving Dragon and Method of the Twelve Staves,* 9th Century, China

Yang-chai Shih Shu: *10 writings on Yang Dwellings,* China

Zhang Zi Nan, *San Yen Di Li Tu Wen Jian Gie,* Taipei, 1965

Zhang Zi Wei (Song Dynasty), Ti li Yu Sui Jing: *Best Landscape and Land Classics*

Zhao Jou Feng (Ching Dynasty): *Three Factors for Yang Dwellings*

Nützliche Informationen

Über den Autor

Prof. Dr. Jes T.Y. Lim wurde in den 60er Jahren in Großbritannien und Malaysia als Unternehmensberater ausgebildet. Er war Geschäftsführer und Leiter in Tochtergesellschaften multinationaler Unternehmensgruppen wie *Sime Darby, Inchcape* und *Fletcher Challenge Group* in Australasien. Seine Erfahrungen sammelte er hauptsächlich im Bereich Turnaround und Neustrukturierung unrentabler Firmen und setzte dabei in großem Maßstab Feng Shui ein.

Dr. Lim hat Feng Shui, Geomantie, Geobiologie und Naturheilkunde bei Lehrern in China, Hongkong, Singapur, Malaysia, Sri Lanka und Australien studiert. Er war Mitglied des *British Institute of Management,* Mitglied des *Chartered Institute of Marketing,* Großbritannien, und Mitglied des *Organisation and Methods Institute,* Großbritannien. Dr. Lim hat ein Diplom in Psychologie und Hypnotherapie (Neuseeland) und einen Abschluß in Naturheilkunde (Australien) sowie einen Master's Degree in International Business Administration (USA). Dr. Lim ist außerdem Doktor der Akupunktur (Sri Lanka und China).

Dr. Lim ist Gründer, Vorsitzender und Dekan des *Qi-Mag International Feng Shui & Geobiology Institute,* welches in 15 Ländern Kurse bis zum Meistergrad anbietet.

Das Kursangebot

Das Kursangebot des Qi-Mag International Feng Shui & Geobiology Institute gibt es in Australien, Neuseeland, China, Hongkong, Singapur, Indien, USA, Deutschland, Österreich, der Schweiz und anderen EU-Ländern.

Qi-Mag Feng Shui I

Praktisches »Erste-Hilfe-Feng-Shui« für Haus und Wohnung. Verbreitete Feng-Shui-Probleme, Maßnahmen und Hilfsmittel, mit denen Sie sofort arbeiten können.

Qi-Mag Feng Shui II

Bestimmung von günstigen Bereichen in Raum und Gebäude, die für eine einzelne Person harmonisch sind. Trigrammbereiche zum Arbeiten und Schlafen für mehr Vitalität, Erfolg und Wohlstand. Vertiefung der Prinzipien der Fünf Elemente, die Harmonie von Yin und Yang, die Acht Trigramme und das Astrologiesystem des Feng Shui. Lernen Sie drei fortgeschrittene Feng-Shui-Systeme in einem Kurs.

Qi-Mag Business Feng Shui

Der erste umfassende und praktische Business-Feng-Shui-Kurs zur Erfolgssteigerung am Arbeitsplatz und im Geschäftsgebäude. Entwerfen günstiger Logos und Symbole. Das Studium sehr alter, subtiler Techniken für Spitzenleistungen.

Anhang — Das Qi-Mag Institut

Qi-Mag Beraterkurse I & II
Intensivunterricht, der unter anderem die folgenden Themen behandelt: Landschafts-Feng-Shui, günstiges Design von Häusern und Wohnungen, das Ost-West-System der Acht Trigramme und Arbeiten mit dem Lo'pan, astrologische Aspekte und Interpretationen, wie das Arbeiten mit dem Lo'Shu-System der Fliegenden Sterne.

Qi-Mag Feng Shui Beraterkurs III
Wasserdrachen- und Landschafts-Feng-Shui: Arten von Wasser, Bergtypen und ihre Wirkung auf Menschen und Städte. Erklärung und Gestaltung von Springbrunnen, Wasserfällen und anderen Feng-Shui-Maßnahmen, bei denen Wasser eingesetzt wird, um den Geschäftserfolg zu steigern und Kunden anzuziehen.
Das internationale Diplom – International Feng Shui Consultant Diploma (FSC) zum weltweiten Praktizieren wird nach Abschluß der Beraterkurse I & II verliehen.

Qi-Mag Feng-Shui-Beraterkurse III–VIII
Fortgeschrittenen- und Praxiskurse für Berater. Nach Abschluß aller Kurse erhalten die Teilnehmer das Feng-Shui-Meister-Diplom.

Feng-Shui-Kurse Architektur & Design I–IV
Stufe I – Design von gesunden Wohn- und Geschäftsgebäuden mit hoher Energie für vitales Wohnen.
Stufe II – Design für harmonische und erfolgreiche Geschäftsgebäude sowie Innenarchitektur.
Das Internationale Diplom *Feng Shui Architecture & Consultant for Home and Commercial Buildings* (FSARCH) wird bei Abschluß der Kurse I und II verliehen.

Fortgeschrittenenstufen III & IV
Umwelt- und Geomantiedesign für Landschaft, Städte und Verkehr sowie Techniken, um Erfolg und Wohlstand für Städte zu fördern. Es werden auch Techniken zur Wiederbelebung von Städten behandelt.

Meisterkurse – Fortgeschrittene Feng Shui Master-Techniken, Qi-Mag Geomantie und Geobiologie I & II
Studium von Erd- und Umweltenergien und Anwendung positiver Energien im Alltag. Gesundheitliche Aspekte und Gebäudedesign. Gestaltung einer umweltfreundlichen Umgebung. Wie man bessere Ernten ohne künstliche Düngung erzielt.
Anmerkung: Nur wer ein Diplom (FSARC) oder (FSC) erworben hat, ist berechtigt, an den Fortgeschrittenenkursen teilzunehmen. Bei Abschluß der Beraterkurse I–VIII und den Praxiskursen erhalten die Teilnehmer einen internationalen Abschluß in Feng Shui und Geobiologie. Die Beraterkurse, Fortgeschrittenenkurse Architektur und die Meisterkurse werden alle von Prof. Dr. Lim unterrichtet. Alle Kurse von werden in Englisch und Chinesisch abgehalten und bei Bedarf ins Deutsche oder andere Landessprachen übersetzt.
Kursangebot: siehe auch im Internet unter *www.qi-mag.com* und *feng-shui.com*
Hier werden Sie auch über geplante Fernlehrgänge informiert.

Kontaktadressen

• Internationale Kontaktadresse für die Kurse von Dr. Lim
Internet: *www.qi-mag.com* und *www.feng-shui.com*
E-mail: *office@qi-mag.com*

• QI-MAG Healthy Building Design Centre
Prof. Dr. Jes Lim
Tel.: +49 (0) 700-56 77 88 99
Fax: +49 (0)700-56 77 88 89 oder
+49 (0)8366-98686
Internet: *www.qi-mag.com* und *www.feng-shui.com*
E-mail: *office@qi-mag.com*
Beratungen sowie Feng-Shui-Architektur und -Design weltweit

• Julie A.S.Y. Lim
Fax: +49 (0)700-56 77 88 89
E-mail: *office@qi-mag.com*
Kalligraphie, Talismane und Mandalas

• QI-MAG Feng Shui Worldwide
Berater, Architekten und Accessoires
Internet: *www.qi-mag.com* und *www.super88vita.com*
E-mail: *qi-mag@qi-mag.com*

Deutschland

• Gerhard Waldner
Unterschwarzenberg 18,
D-87466 Oy-Mittelberg
Tel.: +49 (0)83 66-98 687, Fax: 98 686
E-mail: *qimag@aol.com*
Beratungen, Seminare

• Vielharmonie
Postfach 11 11, D-87466 Oy-Mittelberg
Tel.: +49 (0)700-11 88 89 99
Fax: +49 (0)700-38 88 99 99
Internet: *www.vielharmonie.com*
E-mail: *qi@vielharmonie.com*
Feng-Shui-Accessoires, Videos, der weltweit größte Feng-Shui-Shop

• Wasili Pantazoglou
Ringstr. 40C, D-86911 Riederau
Tel.: +49 (0)8807-88 58, Fax: 88 73
Mobil: +49 (0)171-624 92 00
Internet: *www.fengshuionline.de*
E-mail: *info@fengshuionline.de*
FS- und Geomantie-Beratungen, Seminare

• Daniela E. Schenker
P. O. Box 1218, D-82231 Wessling/München
Tel.: +49 (0)8153-95 20 17, Fax: 95 20 16
Mobil: +49 (0)171-198 92 88
Internet: *www.happydragon.net*
E-mail: *happydragon@t-online.de*
Beratungen, Seminare, Fachübersetzungen Feng Shui

• Dieter Kugler
Schönbichlstr. 90b, D-82211 Herrsching
Tel.: +49 (0)8152-96 98 48, Fax: 96 98 47
Mobil: +49 (0)171-181 06 12
Internet: *www.Dieter-Kugler.de*
E-mail: *dieterkugler@hotmail.com*
Geomantie-Beratung, Rutenkurse, Elektrobiologie-Seminare

Anhang DAS QI-MAG INSTITUT

• Christian & Ute von St. Paul
Pippinplatz 1, D-81475 München
Tel.: +49 (0)89-75 07 09 38 oder 75 07 09 87
Fax: +49 (0)89-75 07 09 86
Mobil: +49 (0)172-816 11 18
Beratungen, Videos

• Thomas Meyer
Kraillinger Weg 68, D-82061 Neuried
Tel.: +49 (0)700-89 98 88 88
Fax: +49 (0)89-74 50 25 89
Mobil: +49 (0)713-386 66 66
Internet: www.thomas-meyer.de
E-mail: info@thomas-meyer.de
Beratungen, Seminare

• Rudolf Bleicher – Ulrike Rapp
Q8 Success & Living
Sonnenstr. 8, D-87742 Altensteig
Tel.: +49 (0)8267-96 08 98
Fax: +49 (0)8267-96 08 68
Internet: www.Q8SL.de
E-mail: u.rapp@Q8SL.de
Beratungen, Seminare, Coaching

Österreich

• Dr. Doris Hirschberg
Mollardgasse 85A/11/2/80, A-1060 Wien
Tel.: +43 (0)1-597 46 71, Fax: 597 09 31
Feng-Shui- und Geomantieberatungen

• Johannes S. Glotz
Viktor-Dankl-Straße 14c, A-6020 Innsbruck
Tel./Fax: +43 (0)512-56 08 95
Mobil: +43 (0)676-530 25 88
Architekt, Feng-Shui- und Farbberater

• Harald Kunstowny
Gundhabing 38, A-6370, Kitzbühel
Tel.: +43 (0)5356-668 88, Fax: 668 80
Internet: www.kunstowny.at
E-mail: info@kunstowny.at
Möbel, FS- und Geomantie-Beratungen

• Friedrich Andexlinger
Sternwaldstr. 60, A-4170 Haslach
Tel.: +43 (0)7289-718 88-0, Fax: 718 88-90
Internet: www.andex.at
E-mail: fengshui@andex.at
Feng-Shui-Möbel

• Klaus Weissengruber KEG
Niederzirking 48, A-4312 Ried/Riedmark
Tel.: +43 (0)7238-25 13 oder 37 36,
Fax: 37 36 17
Internet: www.weissengruber.at
E-mail: Klaus@weissengruber.at
FS- und Geomantie-Beratungen, Möbel

• Andreas A. Hager
Postfach 158, A-8010 Graz
Tel./Fax: +43 (0)31-33 31 52
Mobil: +43 (0)664-328 88 88
Internet: www.fengshui.at
E-mail: office@fengshui.at
Seminare, Videos, Accessoires

Schweiz

• Bernhard Schaer, Parabola Forum
Oberdorfstr. 16e, CH-8001 Zürich
Tel./Fax: +41 (0)1-261 00 90
Mobil: +41 (0)79-27 50 75
Seminare

ADRESSEN Anhang

• Rita und Wendelin Niederberger
Goldacher, CH-6062 Wilen
Tel.: +41 (0)41-662 01 88
Fax: +41 (0)41-662 01 89
Beratungen, Seminare

• KOTAO Feng-Shui-Systems
Johann und Jaqueline Thambauer
Rigiblickstr. 27, CH-6353 Weggis
Tel. +41 (0)41-390 38 88, Fax: 390 38 89
Internet: *www.kotao.ch*
E-mail: *Kotao@freesurf.ch*
Beratungen, Radiästhesiekurse

U.S.A./Kanada

• Marcia Small
179 Lakeshore Road East
Oakville, Ontario, L6J 1H5, Canada
Tel./Fax: +1- 905-338 68 68
E-mail: *fengshui@cgocable.net*
Seminare, Accessoires

England und Schottland

• Master Chan Kun Wah
Roscrea, 60 Edinburgh Rd, Bathgate,
West Lothian, Eh 481EP, Scotland
Tel./Fax: +44-150 66 34 257
Beratungen, Seminare

• Helen & Michael Oon
The Feng Shui Store
Box 250 Woking, Surrey GU211YJ, England
Tel.: +44-14 83-83 98 98, Fax: 48 89 98
E-mail: *geomancy@dragonmagic.com*
Accessoires und Seminare

Finnland

• Kristiina Mantynen, M. Arch
Eerikinkatu 44 A 9, FIN-00180 Helsinki
Tel./Fax: +358-9-5626 016
Mobil: +358-40-753 9553
E-mail: *fengshui@iki.fi*
Internet: *www.iki.fi/fengshui*
Architektur und Beratungen
Kontaktperson Finnish Fengshui Association
E-mail: *fengshui@co.inet.fi*
Internet: *http://personal.inet.fi/yhdistys/
fengshui*

Anhang DANKSAGUNG

Danksagung

Ich möchte mich bei den Geschäftsinhabern, Managern und Führungskräften der vielen Firmen, ob klein oder groß, bedanken, die in den letzten dreißig Jahren ihr Vertrauen in mein Feng-Shui-Know-how gesetzt haben. An dieser Stelle möchte ich jedoch keine Namen nennen, um gegenüber meiner hochgeschätzten Klientel Diskretion zu wahren. Dadurch, daß ich Feng-Shui-Techniken und -Maßnahmen immer wieder auch zu Testzwecken einsetzen konnte, habe ich mein Wissen weiterentwickeln können, um es den Bedürfnissen der Geschäftswelt im 21. Jahrhundert mit seinen neuen Herausforderungen anzupassen. Dieses Wissen bildet die Grundlage für das Qi-Mag International Feng Shui & Geobiology Institute, in dessen Namen ich engagierte Menschen unterrichte. An dieser Stelle möchte ich Daniela Schenker für die Übersetzung sowie Wasili Pantazoglou und Dr. Robert Meindl für die kritische Durchsicht des Manuskripts danken. Ebenso gilt mein Dank allen Lesern, die mich bei meinem ersten Buch *Feng Shui & Gesundheit,* das 1997 im Joy Verlag erschienen ist, unterstützt haben.

Nicht zuletzt möchte ich meiner Frau Julie aus ganzem Herzen danken. Von ihr stammen die chinesischen Kalligraphien am Anfang jedes Kapitels. Sie begleitet mich jedes Jahr mehr als sechs Monate lang auf meinen Unterrichtsreisen um die ganze Welt.

Die Leser dieses Buches möchte ich ermutigen, dieses Wissen so weit wie möglich weiterzugeben, um an der »Win-Win-Philosophie«, bei der es darum geht, daß alle Beteiligten gewinnen, teilzuhaben und damit zum Weltfrieden beizutragen.

Ich wünsche Ihnen ein gesundes, langes Leben voller Freude, Liebe, Glück und Erfolg.

Prof. Dr. Jes T. Y. Lim
Schanghai, China

Für Ihre Skizzen

Für Ihre Skizzen

Für Ihre Skizzen